D1860367

नागार्जुन

सुविख्यात कवि-कथाकार नगार्जुन का जन्म 30 जून, 1911 को ग्राम तरौनी, ज़िला दरभंगा, बिहार में हुआ। पूरा नाम वैद्यनाथ मिश्र 'यात्री'। परम्परागत प्राचीन पद्धति से संस्कृत की शिक्षा। शिक्षा-समाप्ति के बाद घुमक्कड़ी का निर्णय। गृहस्थ होकर भी रमते-राम। स्वभाव से आवेगशील, जीवन्त और फक्कड़। राजनीति और जनता के मुक्तिसंघर्षों में सक्रिय और रचनात्मक हिस्सेदारी। हिन्दी, मैथिली, संस्कृत और बांग्ला में काव्य-रचना। मातृभाषा मैथिली में 'यात्री' नाम से लेखन।

उनकी प्रमुख कृतियाँ हैं—'रतिनाथ की चाची', 'बाबा बटेसरनाथ', 'दुखमोचन', 'बलचनमा', 'वरुण के बेटे', 'नई पौध' (उपन्यास); 'युगधारा', 'सतरंगे पंखोंवाली', 'प्यासी पथराई आँखें', 'तालाब की मछलियाँ', 'चंदना', 'खिचड़ी विप्लव देखा हमने', 'तुमने कहा था', 'पुरानी जूतियों का कोरस', 'हज़ार-हज़ार बाँहोंवाली', 'पका है यह कटहल', 'अपने खेत में', 'मैं मिलिटरी का बूढ़ा घोड़ा' (कविता-संग्रह); 'भस्मांकुर', 'भूमिजा' (खंडकाव्य); 'चित्र', 'पत्रहीन नग्न गाछ' (हिन्दी में भी अनूदित मैथिली कविता-संग्रह); 'पारो' (मैथिली उपन्यास); 'धर्मलोक शतकम्' (संस्कृत काव्य) तथा संस्कृत से कुछ अनूदित कृतियाँ।

मैथिली काव्य-संग्रह 'पत्रहीन नग्न गाछ' के लिए 'साहित्य अकादेमी पुरस्कार'। उत्तर प्रदेश हिन्दी संस्थान तथा मध्य प्रदेश और बिहार के 'शिखर सम्मान' सहित कई पुरस्कारों से सम्मानित।

निधन : 5 नवम्बर, 1998

वरुण के बेटे

नागार्जुन

राजकमल पेपरबैक्स

पहली बार 1957 में प्रकाशित

राजकमल पेपरबैक्स में
पहला संस्करण : 1985
आठवाँ संस्करण : 2025

© सभी स्वत्वाधिकारियों की ओर से
शोभाकान्त

राजकमल पेपरबैक्स : उत्कृष्ट साहित्य के जनसुलभ संस्करण

राजकमल प्रकाशन प्रा.लि.
1-बी, नेताजी सुभाष मार्ग, दरियागंज
नई दिल्ली-110 002
द्वारा प्रकाशित

शाखाएँ : अशोक राजपथ, साइंस कॉलेज के सामने, पटना-800 006
पहली मंजिल, दरबारी बिल्डिंग, महात्मा गांधी मार्ग, प्रयागराज-211 001
1, अनमोल सोराबजी संतुक लेन, धोबी तलाव, मरीन लाइंस, मुम्बई-400 002
वेबसाइट : www.rajkamalprakashan.com
ई-मेल : info@rajkamalprakashan.com

बी.के. ऑफसेट
नवीन शाहदरा, दिल्ली-110 032
द्वारा मुद्रित

मूल्य : ₹ 199

VARUN KE BETE
Novel by Nagarjun

ISBN : 978-81-267-0182-7

एक

केले के मोटे-मोटे थंभ, कटे हुए। सात-आठ रहे होंगे। छै-छै हाथ लंबे। वे एक-दूसरे से सटाकर बाँधे गए थे। अच्छी-खासी नाव का काम दे रहे थे।

घुप्प अँधेरा। कड़ाके की सर्द।

नीचे अथाह पानी। ऊपर नक्षत्र-खचित नील आकाश।

परछाईं में तारे जँच नहीं पा रहे थे क्योंकि छोटी-बड़ी हिलकोरें पानी को चंचल किए हुए थीं। कदली-थंभों की यह नाव पोखर की छाती पर हचकोले खा रही थी। बदन की समूची ताकत बाँहों में बटोरकर जाल फेंकते वक्त इसका आधा हिस्सा पानी के अंदर धँस जाता था और तब उस अतिरिक्त दबाव से जलराशि की मोटी-मोटी तरंग-मालाएँ एक के बाद एक मिनटों तक उमड़ती रहती थीं।

कोई मामूली तलइया या बागान के अंदर का साधारण चभच्चा तो थी नहीं, वह तो अपने इलाके का प्रख्यात जलाशय 'गढ़-पोखर' था। अवाम की तीखी-खुरदरी जुबान पर घिसते-घिसते गढ़-पोखर अब 'गरोखर' हो गया था। चारों तरफ के भिंड, किनारों के बड़े-बड़े कछार, बीच का पानीवाला बड़ा हिस्सा—कुल मिलाकर पचास एकड़ ज़मीन छेके हुए था गरोखर।

ज़रा दूर से देखने पर गरोखर की छाती पर सरकती-सी दो छायाएँ अँधेरे में काले पत्थर की लाट-सी लगती थीं। एक मानव-छाया खड़ी थी, दूसरी उकड़ूँ बैठी थी। थंभों का पूला नाव बना हुआ मज़े में इधर-उधर डोल रहा था।

बीच-बीच में फुसफुसाहट...

—खुरखुन !

—हाँ ?

—कितनी हुईं कुल ?

—पंद्रह और सात।

फिर थूक फेंकने की आवाज़, पिच्च।

फिर जाल फेंकने की तैयारी। नाव हिलने लगी।

मोटी आवाज़, धब्ब !

पानी में मानो लोंदा गिरा। यह मछलियों के लिए चारा डाला गया था। दो जोड़ी सतर्क आँखें गहन तिमिर की मोटी पर्त छेदकर पानी पर जमी थीं।

बुल-बुल-बुल-बुल-बुल-बुल-लुव-बुब-बुब...बुलबुले, उनकी बुड़बुड़ाहट ! महीन और मीठी !

—भोला, रे भोला !

—उँ !

—देखता क्या है ? फेंक जाल !

—उँ !!

बदन की समूची ताकत कलेजे में बटोरकर भोला ने बिजली की फुर्ती से बाँह घुमाई, मूठ खोलकर जाल पानी में फेंक दिया—झा ा ा ा ा प।

बाएँ हाथ की कलाई में काफी डोरी लपेट रखी थी, उसे भोला ने ढीली करके छोड़ दिया। इधरवाली छोर हाथ से बँधी थी।

अब ठिठुरन महसूस हुई तो अंजलि में मुँह की भाफ भरकर अँगुलियों को आपस में मसल लिया। छोटी लड़की सिलेबिया सीने से चिपकके सोया करती है, अचानक उसका चेहरा-मोहरा आँखों में नाच उठा।

समेटते समय लगा कि जाल बेहद भारी हो उठा है।

साथी को सकते में जानकर खुरखुन बोला—सेंवार में तो नहीं उलझा है ?

—सेंवार इधर कहाँ ! और, मछलियाँ तो हो ही नहीं सकतीं !

—अच्छा, देखने दे !

तो उतरो, धँसो अंदर।

अधेड़ और नाटा खुरखुन चार अंगुल चौड़ी कौपीन कमर में डाले हुए था। पानी में उतरकर उसने गोता लगाया।

गरोखर तीन सौ साल पुराना जलाशय था। चारों ओर भिंडों और कछारों का बुरा हाल था। बरसात के मौसम में पानी के साथ बहकर आनेवाली मिट्टी उसकी गहराई बराबर कम करती आई थी। फिर भी चौदह-पंद्रह फुट का बाँस ही गरोखर की थाह ले सकता था।

भोला और खुरखुन की यह नाव गरोखर के ठीक बीचोबीच नहीं थी।

पच्छिम की तरफ जहाँ पानी दस फुट गहरा था, वहीं वे अपनी किस्मत आजमा रहे थे।

नाव से चार गज की दूरी पर खुरखुन पानी के अंदर गया था। जाड़े के मौसम में रात के वक्त तालाब या झील का पानी अंदर-अंदर गुनगुना-सा लगता है। अंदर जाकर पहले तो उसने जाल के सहारे मछलियाँ टटोलने की कोशिश की। तीन-चार मझोले आकार की मालूम हुईं। दम फूलने लगा तो ऊपर आ गया, क्षण भर साँस लेकर फिर डुबकी लगाई। अबकी ज़रा देर तक खुरखुन अंदर रहा।

जाल की किनारी टटोलता हुआ अंदर वह चक्कर मारने लगा—शी ई ई ई ई ई ई...बुआरी ने दाहिने पैर का अंगूठा काट खाया ! यह सुसरी होती ही ऐसी है ! पूस के पाले ने यों भी बोटी-बोटी को सुन्न कर दिया था। फू ऊ ऊ ऊ ऊ ऊ ऊ...यह लो ! अरे, जाल की किनारी तो यहाँ लकड़ी के ढोंके से उलझी पड़ी है !...

दम फूलने लगा तो खुरखुन फिर ऊपर आ गया।

—क्या है ?

भोला उसी तरह जाल की डोरी को टाने हुए था। ढील नहीं दे रहा था कि छोटी मछलियाँ कहीं खिसक न जाएँ ! क्षण भर बाद भोला ने फिर कहा—बोलते नहीं हो कुछ !

—ठहर !

खुरखुन अब तीसरी दफे पानी के भीतर गया।

जाल की किनारी के सहारे सर्र से लकड़ी के ढोंके तक पहुँचा।

टोह लेकर मालूम किया तो किनारी की लोहेवाली भारी-भारी मोटियों में से दो को ढोंके की दंतुर खोडर में फँसा पाया। अब क्या हो ? तोड़ें तो ये टूटने को नहीं ! खुरखुन को भोला का चाकू याद आया। वह फिर ऊपर आया।

नाव पर अलग दूसरी खँचिया में भोला की आधी बाँह की सिकुड़ी-सिमटी कमीज़ पड़ी थी। उसी की पाकिट में चाकू था। भोला ने निकालकर दिया।

चाकू लेकर वह चौथी बार पानी के अंदर गया और उलझे जाल को छुड़ा लिया। एक तो निकली, मगर दूसरी गोटी से हाथ धोना पड़ा।

इस धींगामुश्ती में मछलियाँ भी भाग गईं। चार-पाँच सेर वज़न का एक रोहू, उससे दुगुना एक भाकुर और डेढ़ गुनी मोदनी। बस, तीन ही शिकार

इस खेवे में हाथ आए। हाँ, एक कछुआ महाराज भी साथ थे।

डुबकियाँ लगाने में पानी के अंदर खुरखुन के पंद्रह-एक मिनट तो ज़रूर गुज़रे होंगे कि इतने में कहीं से टिटहरी बोली—टिट्-टिहू-टिहूट्-टिट्-टिट्-टिट्...!!

मछलियों से भरा खाँचा हिलाकर खुरखुन बोला— उहुँ, अब बस कर आज : रहने दे भोला, टिटहरी रोती है कलमुँही।

देर भी तो काफी हो गई ?—जाल झाड़ते-झाड़ते भोला ने कहा।

बीस फुट का लग्गा (बाँस) साथ था। खुरखुन ने उसे उठा लिया। अब उन्हें जल्दी घर पहुँचना था। वह फुर्ती से नाव खेने लगा। मन ही मन निश्चय किया कि अबकी गर्मियों में इस ढोंके को बाहर निकाल देगा। जाने कब का पड़ा है सुसरा...

जाल सँभाल-सँभूलकर भोला उकड़ूँ बैठ गया था। उसका मुँह ऊपर को उठा था, निगाहें आसमान पर टिकी थीं।

काले पाख की दशमी तिथि का अधूरा पीला-पीला चाँद निकल आया था। तारे अब भी ढीठ बने हुए थे। अपनी-अपनी शान में चमक रहे थे। गरोखर की हल्की-हल्की पतली-पतली भाप ऊपर उठकर पूस के उन कुहासों को घना बना रही थी।

भोला की तलहथी पर अब तम्बाकू और चूना थे। उन्हें मसल-मसलकर वह खैनी तैयार कर रहा था।

अंगूठा छोड़कर दाहिने हाथ की चारों अँगुलियों से भोला ने जब बाएँ हाथ पर की खैनी को ठोका तो अनायास उसकी नज़रें हट आईं। सामने कछार करीब आ गई थी। डबल जूम खैनी खुरखुन को थमाकर बाकी खुद फाँक गया।

केले के थंभोंवाली वह नाव किनारे आ लगी।

मछलियों से भरे हुए दोनों खाँचे उतारे गए। नाव परे धकेल दी गई।

भोला ने अपनी सूखी धोती और हाफ कमीज़ पहन ली। खुरखुन ने सूखा गमछा और गोल गर्दनवाली निमस्तीन।

खाँचे काफी वज़नदार हो गए थे। उन्हें टाँग-टूँगकर दोनों घर की तरफ चले।

मछुओं की बस्ती गरोखर से दूर नहीं थी, डेढ़-दो फर्लांग का फासला रहा होगा। मलाही-गोंढ़ियारी गो कि अलग-अलग दो आबादियाँ थीं मगर दोनों नाम साथ चलते थे। बाँसों का पतला-सा एक जंगल और पुराने जमाने की

एक ऊजड़-सी अमराई; मलाही और गोंढ़ियारी के बीच बस इतना ही व्यवधान था।

इधर से पहले मलाही पड़ती थी, बाद को गोंढ़ियारी।

भोला और खुरखुन बस्ती-मलाही के अंदर घुसे तो दो-तीन कुत्ते झाँउ-झाँउ भाँउ-भाँउ करते सड़क पर निकल आए। कुछ दूर तक उन्होंने मछुओं का पीछा किया। गाँव के छोर पर सड़क के किनारे पक्का कुआँ था और पाकड़ के दो जवान पेड़ थे, खूब सुंदर और छतनार ! वहीं ज़रा हटकर किसानों का साझा खलिहान फैला पड़ा था। जीमड़ के खंभे, बाँस की कैलियों के हातावार घिरावे; दर्म्यान उनके, छोटी-मझोली-बड़ी परिधिवाले अनेकों खलिहान।

कई खलिहानों में धान की अगहनी फसलों के बोझ करीने से सजाकर रखे हुए थे। रात अभी ढाई पहर बीत चुकी थी तो भी दो-तीन खलिहानों से दंवरी पर जुते बैल हाँकने की ललकार बढ़-बढ़के कानों में टकरा रही थी। आवारा कुत्तों की दुहरी-तिहरी आवाज़ निशा-शेष के ताज़ा-दम कंठों की किसानी ललकारों में जाने कहाँ खो गई थी !

भोला की तबीयत होती थी कि खलिहान के अंदर जाकर ज़रा देर आग सेंकता चले, लेकिन खुरखुन की चुप्पा मस्ती उसकी इस इच्छा पर अंत तक ब्रेक कसे रही।

और अब चार ही कदम तो आगे आना था !

गोंढ़ियारी। अपना गाँव।

आहट पाते ही गोला कूकुर अगवानी में निकल आया।

हल्की-मीठी गुर्राहट। स्वागत की सनातन अभिव्यक्ति।

धनुष की तरह झुकी एक बुढ़िया बाहर निकल आई।

मछलियोंवाले खाँचे अंदर बैठके में रखता हुआ खुरखुन बोला—मंइञा, नींद नहीं आती तुमको ?

बुढ़िया को सूझता था कम। पूछा—भोलवा नहीं आया रे ? खुरखुन !

भोला ने नज़दीक आकर दादी के कंधे पर हाथ रखा—मंइञा !

दादी ने पोते का हाथ-कपार छूकर देखा—हेमाल हो रहा है तेरा बदन ! चल, बोरसी लाती हूँ। सेंक ले हाथ-पैर !

खुरखुन ने खीसें निपोड़ते हुए कहा—मंइञा, अगर तुम चाय पिला दो...

धत् तेरी !—भोला बोला—खुरखुन, पागल तो नहीं हो गए हो ? इसका

तो जीभ का सवाद ही चौपट हो गया है ! नमक डालकर लाल चाय पीती है, संतरे के सूखे छिलके सिलेबिया से पिसवाकर उसमें नमक-मिर्च-तेल डालकर चटनी बनाती है और उस चटनी के सहारे भर-थाली भात खा जाती है...

बुढ़िया खुद भी हँसने लगी। ओसारे पर अँधेरा था फिर भी मंइञा के साबित-सुफेद दाँत जगमगाकर दिखाई दे गए।

मंगला की माँ आकर बोरसी रख गई।

भोला ने माचिस से रगड़कर तीली को आले पर रखी ढिबरी से छुआ दिया। मटमैला आलोक बैठके में फैल गया।

मंइञा, खुरखुन, भोला। पीढ़ा ले-लेकर तीनों बोरसी के इर्द-गिर्द बैठ गए। बातें भी होती रहीं और हाथ-पैर भी सिंकते रहे।

खुरखुन को ज़ोर की भूख लग आई थी। साँझ की दीया-बाती के बाद खाना खाया था ज़रूर लेकिन अब आठ-नौ घंटे हो रहे थे। और यह समय करारी मशक्कत में बीता था। फिर यह भी तो था कि सुबह छै बजे चमुड़िया स्टेशन पहुँचकर माल बुक कराना था, दरभंगा जानेवाली ट्रेन पकड़नी थी। पेट में कुछ डाल देना आवश्यक प्रतीत हुआ खुरखुन को।

थोड़ी देर बाद खुरखुन बोला—ज़रा घर हो आऊँ। क्या पता, शाम तक हम लौटें या नहीं !

—अच्छा, जल्दी लौटना भला !

—हाँ, भई, वहाँ रुकने की ज़रूरत ही नहीं होगी !

—तो मैं भी अपनी बिटिया की खोज-खबर ले आता हूँ।

भोला भी उठा, खुरखुन भी उठा।

मंइञा ने छोटी-पतली टहनीनुमा लकड़ी से अंदर की आग को थोड़ा-सा उकसा दिया और बोली—कोई फिक्र नहीं, मछलियों की रखवाली मैं करूँगी। जा जा, हो आ घर से !

खुरखुन का घर वहाँ से सौ कदम आगे था।

वह सीधे अंदर आया। बाँस की चचरियों से बनी 'फट्टक' को भीतर ढकेलने लगा तो स्त्री की निद्रालु आवाज़ आई—कौन ?

—उठ, ढिबरी जला ! मैं हूँ...

उधर ओरियानी में बँधी बकरी मिमियाई तो उसके तीनों पठरू (बच्चे) अपनी-अपनी कच्ची आवाज़ में में-में कर उठे।

—च्चु च् च्चु च्चु च्चु च्चुऽऽ...

चुचकार-पुचकार के खुरखुन ने बकरी को स्वाभाविक तौर पर आश्वस्त किया तब तक भीतर की ढिबरी जल चुकी थी।

परिवार का मुखिया अंदर आया।

पुआल बिछे थे कोने में, उन पर फटी-पुरानी बोरी बिछी थी। एक जवान लड़की और नंग-धड़ंग बच्चे बेतरतीब सोए पड़े थे। ओढ़ना के नाम पर कथरी-गुदड़ी के दो-तीन छोटे-बड़े टुकड़े उन शरीरों को जहाँ-तहाँ से ढक रहे थे। दूसरे कोने में चूल्हा-चौका। तीसरे में अनाज रखने के कूँड़ और कुठले। चौथा कोना खाली। छप्पर के बाँसों से दसियों छिक्के लटक रहे हैं। मछलियाँ पकड़ने और फँसाने के औज़ार भीत की खूँटियों से टँगे थे—गाँज, टापी, सहत, सरैला, किस्म-किस्म के डंडे। जालों की कढ़ाई-बिनाई में काम आनेवाले छोटे-बड़े सूए, शलाखें। जालों के अधूरे टुकड़े। घर-गिरस्ती की बाकी दसियों चीज़ें। यानी खुरखुन का समूचा संसार ही मानो तेरह फुट लंबे और नौ फुट चौड़े घर में अटा पड़ा था। भीतें बीस साल पुरानी, फिर भी मज़बूत थीं।

खुरखुन अंदर आया तो जंभाइयाँ लेती हुई पत्नी के पास बैठ गया। मछलियों के बारे में बताया और कहा—भूख लगी है।

—अब इस वक्त मैं क्या दूँ तुम्हें ?

—बच्चों के लिए कुछ रखा होगा न ? उनके लिए सुबह में फिर कुछ तैयार कर लेना...और नहीं तो चावल ही कच्चे-फच्चे पाव-आधा-सेर निकालो, फाँक-फूँक लूँगा मधुरी की अम्माँ ! कड़ाके की भूख लगी है री !

पेट पर हाथ फेरकर गृहस्वामी अपनी विकराल क्षुधा की तरफ गृहलक्ष्मी का सारा का सारा ध्यान खींच लाया।

वह उठी और यह पीठ के बल सूखे पुआलों के उसी दरवेशी गलीचे पर लेट गया। थकान थी। जाड़ा था। चिंता थी। बोझ था। नींद के तो मानो पर ही तोड़ दिए हों। पलकों को मानो तंद्रा की याद तक नहीं थी।

...मधुरी अबकी होली के दिन अठारहवें में प्रवेश करेगी। दूल्हा इकलौता है घर का। उसके माँ-बाप अपनी बहू को अब मायके नहीं रहने देना चाहते। माघ या फागुन तक लड़की को चाहे जैसे विदा करना होगा। कहाँ से जुटाएगा ? कौन देगा उधार ?

पाव डेढ़-एक भुंजिया चावल चंगेरी में लाकर मधुरी की अम्माँ ने सामने रख दिया—लो, उठो भी !

नई फसल के कच्चे चावल थे।

खुरखुन ने उन्हें अँगोछे में बाँधकर पोटली-सी बना ली। अँगोछा गरोखर के पानी का भीगा अब भी सूखा नहीं था तो भी चावलों की पोटली को उसने पानी भरे डोल के अंदर डुबो लिया। कच्चे चावलों से दाँतों-मसूड़ों की वर्जिश नाहक कौन करवाए ! क्या है, घड़ी-आधी घड़ी का जल-योग पाकर नरम तो ये पड़ ही जाएँगे !

अपनी दोहर, लाठी और पाथेय की पोटली लिए गृहपति बाहर निकल आए तो पीछे से घर की मालकिन दालान तक आईं।

चुपचाप खुरखुन भोला के बैठक में दाखिल हुआ तो मंइञा अपने प्राइवेट हुक्का के लिए दूसरी टिकिया सुलगा रही थी।

भोला तैयार बैठा था। स्टेशन तक साथ चलने के लिए नीरस को ले लिया गया।

मछलियाँ लेकर तीनों तमुड़िया पहुँचे तो पाँच बज रहे थे।

स्टेशनमास्टर तो कंठीधारी वैष्णव कायस्थ था लेकिन टिकट बाबू (बुकिंग क्लर्क) था मछगिद्धा बंगाली। ताज़ा-ताज़ा ललमुँहा रेहू देखते ही उसकी जीभ से लार टपकने लगी। बुक करने में जान-बूझकर टालमटोल करने लगा तो भोला को टिकट बाबू की नीयत पर शक हुआ।

आखिर रेहू का ढाई-तीन सेर वज़न का बच्चा देना ही पड़ा, तब जाकर दोनों खाँचे बुक हो पाए और चालान की रसीद हासिल हुई।

गाड़ी आई तो 'ब्रेक-भान' में खाँचे डाल दिए गए। गार्ड नया-नया बहाल हुआ-सा लगता था। अपनी नीयत का पता अंत तक नहीं लगने दिया !

ट्रेन वक्त पर खुली और नीरस वापस गया।

साढ़े नौ बजे माल दरभंगा जंक्शन पहुँचा।

स्टेशन से बाहर आकर रिक्शा किया। आगे बढ़ते चुंगी टैक्स अदा करना पड़ा। दस बजते-बजते 'बड़ी बाज़ार।'

गरोखर की मछलियाँ धड़ाधड़ बिकने लगीं, शाम तक बिकती रहीं। रेहू दो रुपए सेर। भाकुर, मोदनी और बुआरी डेढ़ रुपए सेर। रोज़ तो आती नहीं थीं, आती थीं कभी-कभी। गरोखर की इन मछलियों का स्वाद जिसने एक बार भी मालूम कर लिया वह भला इनका नाम सुनकर अपने को क्योंकर रोक पाता ?

लगभग दो बजे भोला नज़दीक के होटल से खा आया। पीछे खुरखुन भी खाने गया। तीन बजे के करीब उन्होंने रेट´घटा दिया। रेहू डेढ़ रुपए

और बाकी मछलियाँ रुपए सेर। पाँच बजते-बजते खाँचे खाली हो गए।

औसत बिक्री फी मन साठ रुपए की हुई थी, यानी डेढ़ रुपए सेर। नकद रकम कुल दो सौ दस रुपए की आई थी।

खुरखुन को भोला ने पचास रुपए दिए। यह आमदनी का दसवाँ हिस्सा था। बाज़ार तक माल लाने और दो आदमियों के आने-जाने में, खाने-पीने में और पान-सिगरेट-तम्बाकू वगैरह में तीस-एक रुपए खर्च हुए थे, सो अलग।

वहीं बड़ी बाज़ार में खुरखुन ने भोलाराम मारवाड़ी की दूकान से सात रुपए की दो साड़ियाँ और तीन रुपए की छींट ले ली। जंगल के लिए अंग्रेज़ी-हिंदी की गुटका डिक्शनरी और बजरंग मंडली के लिए भाखा टीकावाली रामायण खरीदी मिथिला बुकडीपो से। हस्ब-मामूल कुछ-एक सौदा-सुलुफ और भी। एक-आधा काम ज़िला-कचहरी से था, मगर उसके लिए कोई जल्दी नहीं थी।

पूरब की तरफ जानेवाली ट्रेन सात बजे छूटती थी।

खाली खाँचे और खरीदी हुई चीज़-बस्त लेकर वे टावर के पास आए।

टावर की बड़ी घड़ी की ओर हाथ उठाकर भोला ने मुस्कुराते हुए पूछ दिया—कै बजे हैं, बताओ तो खुरखुन ?

दाँत दिखा दिए खुरखुन ने तो ?

—बताना होगा !

—बीच बाज़ार में इस तरह बेआबरू करता है भोलाइ, तू मुझे ?

भोला ठहाके मार-मारके हँसने लगा। हँसी का वेग थमा तो बोला—अरे, छह बजे हैं ! देखते नहीं कि घड़ी की दोनों सुइयाँ डंडी की सिधाई में तन गई हैं ? मोटी सुई नीचे की तरफ, पतली ऊपर की ओर। मोटी-पतली दोनों सुइयाँ ऊपर की तरफ साथ लग जाएँगी, बारह बजेंगे। समझे भइया ?

खुरखुन की आँखों के कोए फैलकर मानो दुहरे हो गए। क्या पता उस बेचारे को घड़ी-फड़ी का ! उसकी जानकारी में तो अंगूठे की छाप ही दस्तखत है।

सीधे-सादे, मेहनती और गरीब साथी से उसकी अज्ञानता के बारे में छेड़खानी भोला ने जान-बूझकर नहीं की थी, यह परिहास सहज और अप्रत्याशित था। उपहास नहीं था यह।

एक घंटा वक्त था अभी।

भोला की जेब में आज काफी रकम पड़ी थी। वह दरियादिल आदमी था। सामने दूकान में थालों के अंदर मिठाइयाँ सजाई हुई थीं। पकौड़े की-सी नाकवाला कलूटा और तुँदियल हलवाई छोटी चौकी पर बैठकर रेज़गारी गिनने में मशगूल था। छोकरे थे तीन-चार, वे ग्राहकों की फर्माइशें पूरी कर रहे थे।

—खुरखुन, आओ खा लें, फिर स्टेशन जाएँगे !

—खाँचे ?

—ले आओ, दूकान के अंदर काफी जगह है जी !

—हुँ।

और तब वे स्टूलों पर बैठ गए। बीच में हल्का-छोटा टेबुल था। वहाँ एक भी कुर्सी या बड़ा टेबुल नहीं था, खुरदरे काठ की निहायत मामूली एक बेंच अवश्य थी।

पूड़ी-तरकारी-चटनी और इमर्ती-बालूशाही-गुलाबजामुन-बर्फी-लड्डू...दोनों जने चार रुपए का खाना खा गए। दूकान से बाहर आकर दो-दो बीड़े मीठे पान। देहाती दुनिया के लिए चिरपरिचित 'मोटर' सिगरेट फूँकते हुए दोनों जने रिक्शे पर सवार हुए, खाँचे खुरखुन थामे रहा।

पूस का सूरज पाँच-सवा पाँच बजे ही नज़रों से ओझल हो जाता है। सात के घंटे तो तब भीगी रात में बजते हैं। तमुड़िया की दो टिकटें बाहर मुसाफिरखाने की बुकिंग-आफिस से लेकर उन्होंने प्लेटफार्मवाला पुल पार किया और गाड़ी में जा बैठे।

भीड़ नहीं थी, लोग छिटपुट बैठे थे।

खुरखुन की तबीयत हुई चाय पीने की। भोला अपना मस्त था सिगरेट में।

खुरखुन ने इशारे से चायवाले को नज़दीक बुलाया। दुअन्नी देकर दो सकोरे चाय ली उससे। एक अपने लिए, दूसरा भोला के लिए।

भोला हँसने लगा—पचमेर मिठाई से जी नहीं भरा ! अब गुड़ की इस गरम शरबत पर मन आके अटका है ? राम-राम !! मैं नहीं पीता तुम्हारी यह चाय...

वह चायवाले को पुकारने लगा—ले जा रे अपनी चाय, नहीं चाहिए हमें तेरी यह लाल शरबत।

चायवाला नहीं लौटा तो दूसरा सकोरा भी खुरखुन ने ही पिया।

भोला कुढ़कर बोला—इसी को कहते हैं कुत्ते की लत, समझा ?

खुरखुन दाँत निकाल-निकालकर मुस्कुराता रहा और एक हथेली पर

दूसरे हाथ से खैनी मसलता रहा।

निर्मली के निकट ही मकर-संक्रांति के पवित्र क्षणों में कोसी के पश्चिमी तटबंध का शुभारंभ होने जा रहा था। बाँध के लिए मिट्टी काटने का श्रीगणेश बिहार के मुख्यमंत्री करनेवाले थे। जिला दरभंगा और जिला सहरसा की ही जनता में नहीं, बल्कि समूचे बिहार में 'कोसी-प्रोजेक्ट' की चर्चा चल पड़ी थी। केंद्र और प्रदेश (बिहार) की सरकारों ने कोसी को नियंत्रित करने की नीयत से एक बृहत्तम प्रतिष्ठान संघटित कर लिया था—'कोसी--एडमिनिस्ट्रेशन बोर्ड'। दर्जनों प्रख्यात इंजीनियर और दूसरे तजुर्बेकार उच्चाधिकारी इन कामों में लग चुके थे। लोहा-लक्कड़, सीमेंट-औजार-मशीनरी के पुर्जे वगैरह ट्रकों में लद-लदकर फार्बिसगंज रेलवे स्टेशन से बीरपुर पहुँच रहे थे।

तो फिर यह अस्वाभाविक नहीं था कि पूरब की तरफ जानेवाली इस ट्रेन में बैठे पसिंजर कोसी-बाँध के बारे में बातें कर रहे थे। भोला से अभी उस रोज़ मझार घाट के घटवार ने खुद कहा था—सहनी, श्रमदान में नहीं चलोगे ? कहो तो जत्थे में नाम दे दूँ तुम्हारा भी। निषाद महासभा के ज़िला-सभापति फुलेना परसाद माँझी ने श्रमदानियों में अपना नाम लिखवाया है, यह भी घटवार से ही मालूम हुआ था। जो हो, ध्यान लगाकर भोला मुसाफिरों की बातें सुन रहा था।

गाड़ी खुली तो खुरखुन को नींद आने लगी। ककरहट्टी-हाल्ट पर दो पसिंजर उतर गए। अब उस बेंच पर खुरखुन अकेले था। लुढ़का दिया उसने अपने को खाली सीटों पर। अगले ही क्षण नाक बजने लगी।

साढ़े दस तमुड़िया उतरे और दच्छिन की सीध में चल पड़े।

सिर पर खाँचे, हाथ में लाठी। कंधों पर तह की हुई दोहर। खुरखुन का बाकी तो ठीक था लेकिन फटी बिंबाइयोंवाले नंगे पैर ही उसे मौसम की याद दिला रहे थे।

भोला के पैरों में जूते थे और पाकिट में रकम थी। रामायण और गुटका कोश, दोनों को गमछे में लपेटकर बाँध रखा था। उन्हें वह हाथ से लटकाए आ रहा था।

चार मील का रास्ता ! सड़क कच्ची थी। बीच में दो गाँव पड़ते थे, आगे बड़ा-सा एक पाँतर था फिर गरोखर।

दोनों घर पहुँचे और खा-पीकर सो गए।

दो

निचले मैदानों का पानी सूख चला था।

सूखते पानी को जगह-जगह मछुओं ने चिलमननुमा सिरकियों से घेर रखा था। बिसुनी, खुरखुन, नीरस, रंगलाल जैसे मछुओं के लिए निचले मैदानोंवाला उथला-छिछला और घटता-बढ़ता यह पानी विधाता का वरदान ही था। भादों से लेकर ठेठ जेठ तक इस पानी से सैकड़ों मन मछलियाँ वे निकालते थे। बड़ी-बड़ी नहीं, छोटी-छोटी मौसमी मछलियाँ। इच्चा, मारा, कतरा, पोठी, पोठा, टेंगरी, टेंगरा, गरई, गरचुन्नी, कबई, सिंगी, मंगुरी, अन्हई आदि।

मलाही-गोंढ़ियारी से मील भर पूरब, यह एक भारी चौर था। उत्तर-दच्छिन लंबाई में कुछ ज्यादा, पूरब-पच्छिम चौड़ाई में कुछ कम। डेढ़ कोस का यह अंचल 'धनहा चौर' कहलाता था। मंगलगढ़ के सिसौदिया राजाओं की ज़मींदारी थी पहले, अब जनाब अंचलाधिकारी साहब की खास निगरानी में आ गया था।

कोसी का जहरीला असर इन देहातों को वीरान बना चुका था। बाढ़, अकाल, मलेरिया के मारे लोग तबाह थे। कोसी जब पूरब की तरफ बीस-तीस कोस परे थी, उन दिनों धनहा चौर की चंदन-चिकनी माटी सोना उगलती। अब तो गाँव के गाँव उजाड़ पड़े थे। जिनमें सामर्थ्य थी वे पच्छिम हटकर दूर के अंचलों में जा बसे थे।

पहले इधर की मुख्य फसल थी अगहनी धान, अब कोई फसल 'मुख्य उपज' नहीं रह गई। बाढ़ का दौरा देर से आता तो मडुआ, मकई और मूँग की भदई फसलें थोड़ी-बहुत हो जातीं। कभी वर्षा की अति, कभी उसके अभाव की अति—धान की फसलों के लिए दोनों ही स्थितियाँ घातक थीं।

मलाही-गोंढ़ियारी में मछुओं के तीस-पैंतीस परिवार थे। खानेवाले मुँहों की तादाद तेजी से बढ़ रही थी। भोला की श्रेणी के सम्पन्न-सुखी गृहपति इनमें दो ही तीन थे। अधिकतर मछुए खुरखुन की हैसियत के थे। वे पास-पड़ोस के इलाकों में पाँच-सात कोस तक और कभी-कभी दस-पंद्रह कोस तक मछलियाँ पकड़ने निकल जाते थे। इधर के जितने भी पोखर थे, जितनी भी ताल-तलइया थीं, जितनी भी नदियाँ और झीलें थीं, पानी का जहाँ भी जमाव-टिकाव था—सारा का सारा उनका शिकारगाह था। मछलियाँ ही

नहीं, सिंघाड़ा-तालमखाना-कमल और कुँई के फूल, कमलगट्टे, कमलनाल, कड़हड़, केसौर, सारुख जैसी चीज़ें भी पानी से वे हासिल करते थे। पुरइन-पद्म के गोल-गोल चिकने-चिकने पत्तों की भी बाजारों में काफी खपत थी। तालमखाना उपजाने के लिए हज़ारों की एडवांस देकर ये लोग पोखर लेते थे ठेके पर। ठेके अक्सर सामूहिक हुआ करते।

गरज यह कि दुक्खम्-सुक्खम् चाहे जैसे इन मछुओं की दुनियादारी चल जाती थी। बच्चों के जरिए प्राइमरी शिक्षा भी परिवारों में प्रवेश पा रही थी। दो-तीन लड़के मिडिल पास कर चुके थे। भोला का छोटा लड़का दसवीं कक्षा में इम्तिहान देकर इस वर्ष ग्यारहवीं अर्थात् मैट्रिक फाइनल में आनेवाला था। डिस्ट्रिक्ट बोर्ड ने गोंढ़ियारी लोअर-प्राइमरी स्कूल को पिछले साल मान्यता दी थी। दो जवान गंगा में माल ढोनेवाली जहाज़ी कंपनी में खलासी की ड्यूटी पर असालतन हुए थे।

चिलमनों से घिरा हुआ 'धनहा चौर' का पानी छोटी मछलियों का अखूट खजाना था। पानीवाली सैकड़ों एकड़ ज़मीन घिरी थी। दो-दो तीन-तीन परिवारों ने मिल-जुलकर थोड़ी-थोड़ी दूर का हिस्सा अपने-अपने अधिकार में ले रखा था। फूस की दसियों अस्थाई झोपड़ियाँ चिलमनों से हटकर सूखी ज़मीन पर खड़ी थीं। रात को तो कम-सम, मगर दिन की मीठी धूप में झोपड़ियों का यह संसार मुखर हो उठता। लगता कि मौजे गोंढ़ियारी के मल्लाहों-मछुओं की आधी आबादी यहीं आ गई है।

जाल बुनते हुए या धागा बाँटते हुए अर्ध-नग्न बूढ़े। हुक्का गुड़गुड़ाती या टिकिया सुलगाती हुई बूढ़ियाँ। कछारों में केंकड़े या कछुए खोजते हुए नंग-धड़ंग लड़के ! जलते चूल्हों पर काली हाँडियाँ, करीब बैठकर हल्दी-मिर्च पीसती हुई सयानी लड़कियाँ, फटी-मैली धोतियोंवाली।

यह साधारण झाँकी थी उस दुनिया की। माघ का महीना, पहर-डेढ़ पहर दिन उठा था। खुरखुन की बड़ी लड़की मधुरी अपने तीन भाई-बहनों से उलझ रही थी—उलझने का कारण थीं मंगुरी मछलियाँ। सेर पाँच-एक आज हिस्से में पड़ी थीं।

छोटी मछलियों में तीन का बड़ा नाम है—सिंगी, मंगुरी और कबइ।

सिंगी और मंगुरी लोगों को बेहद रुचिकर लगती हैं। गाढ़े किरमिची रंग की चिकनी, पतली और बित्ता-डेढ़ बित्ता लंबी यह सिंगी और मंगुरी मछलियाँ आसिन से लेकर माघ-फागुन तक हाटों-बाज़ारों में अपनी शुहरत की धूम मचाए रहती हैं।

मधुरी के भाई-बहन मचल रहे थे कि एक-एक मंगुरी मिल जाए तो भूनकर खाएँ। मगर उसने पूरे परिवार की सुविधा का ख्याल किया।

—तीन तो आधा सेर होंगी मिलाकर।

—तो क्या होगा दिदिया ?

—बाप रे, पाँच आना पैसा कुछ नहीं है तेरे लेखे ?

अपने से छोटी बहन को मधुरी ने डाँटकर कहा और आँखें फाड़-फाड़कर उसकी ओर देखने लगी।

तीरा मान लेगी बात तो भाई भी मान जाएगा और वह मान लेगा तो अपने से छोटी को मना लेगा। इसी से मधुरी सिर्फ बहन को डाँट रही थी। एक मंगुरी तो आखिर मिल ही रही थी उन्हें।

तीरा गुमसुम नाखून खोंटती रही।

मधुरी ने भाई को लक्ष्य करके एक मछली फेंक दी—ले, जा !

तीरा रूठकर कछार की ओर चली गई।

नीरस ने कल दो कछुए पकड़े थे। पाँच सेर गोश्त निकला। सेर भर खुरखुन की घरवाली को मिला था। रात का खाना उसी गोश्त की तीमन के साथ हुआ। मधुरी ने ज़रा-सी तीमन बचा रखी थी और उसे वह यहाँ ले आई थी। परसों रंगलाल के लड़के ने तीन बड़ी-बड़ी अन्हइ मछलियाँ कछार में पाँक के भीतर से निकाली थीं, एक उनमें से वह स्वयं मधुरी को दे गया था। मधुरी ने उसे भी सँभालकर रख छोड़ा था, अभी पकानेवाली थी।

भाई आठ-नौ साल का था, मान गया और मंगुरी उठा ली।

कटे धानों की खूँटियाँ उखाड़-बटोरकर लड़कों ने उस ढेर में आग लगा दी थी। वहीं वे मछलियाँ भून रहे थे। मधुरी का भाई मंगुरी लेकर उधर ही बढ़ा। छोटी बहन पीछे गई।

मधुरी ने अब तक चूल्हा नहीं सुलगाया था।

जाने क्यो, मंगल का मुखड़ा उसकी चेतना को आज बार-बार उकसा रहा था। बहुत-बहुत याद आ रही थी मंगल की। हाथ-पैर हिलाने-डुलाने को जी नहीं करता था। जी यही करता था कि बैठ जाए और बैठी-बैठी मंगल के बारे में सोचती रहे, बस सोचती ही रहे...

पंद्रह दिन बाद मंगल की बहू आ जाएगी...

मधुरी का चिंतन-चक्र घूमने लगा।

चाहने लगी कि ध्यान में सिर्फ मंगल ही आए, मंगल की बहू न आए ध्यान में। किंतु अपरिचित-अकल्पित वह बहू लाख अवांछित हो, मधुरी की

चेतना पर मानो बलपूर्वक हावी हो जाती थी !

थोड़ी ही देर तक अंतर्जगत् के ये मीठे-कड़वे खेल चले कि मधुरी का माथा फटने लगा। लगा कि मौन और निष्क्रियता उसे काट खाएँगे।

वह अंदर झोंपड़ी में टँगी हाँड़ी उतार लाई। बाहर खड़ी-खड़ी उसे नाक के पास लाकर सूँघा। बासीपन की दुहरी-तिहरी बास आ रही थी हाँड़ी से।

कल तो हाँड़ी चढ़ी नहीं थी यहाँ, परसों चढ़ी थी। अड़तालीस घंटे हो रहे थे। रात का खाना समूचे परिवार का घर में तैयार होता था। झोपड़ी में रखवाली के लिए कभी कोई रात को हुआ भी तो घर से खा-पीकर आ जाता था। मधुरी कल नहीं आ सकी थी, दिन भर धान उबालती रही। भूँजा-फरही साथ लेकर यहीं भाई-बहन आ गए थे।

पीने का पानी गाँव के कुएँ से और धोने-पकाने का नज़दीकवाले पोखर से लाते थे यहाँ। सबेरे आते ही तीरा घड़ा भर लाई थी।

हाँड़ी धो-धाकर मधुरी नीरस की झोपड़ी में हल्दी-लाल मिर्च पीसने गई। सिल और कहीं था ही नहीं, जिसे ज़रूरत होती पीस लाती। संजोग ऐसा था कि आस-पास की चारों-पाँचों झोपड़ियाँ खाली थीं।

मधुरी सिल पर लोढ़ा चलाने लगी।

अब फिर उसे अपनी चुप्पी अखरी तो मंगल को ध्यान में रखकर गुनगुनाने लगी—

"जिनगी भेल पहााड़, उमिर भेल काााल !
नइ फेकऽ नइ फेकऽ आहे मोर दिलचन,
नेहिया पिरीतिया के जााल !!
आवऽ आवऽ, देखि जा हााल !!
उमिर भेल कााााााल !!!"

(जीना हुआ दूभर, जवानी हुई काल;
न डालो, न डालो ओ मेरे दिल के चाँद !
स्नेह और प्रीति का जाल !!
आओ, आओ, देख जाओ हाल !
जीना हुआ दूभर, जवानी हुई काल।)

इन पदों को मधुरी दुबारा-तिबारा गुनगुनाना चाहती थी लेकिन बाप आता दीखा तो चुप मार गई।

बुधवार था न आज !

खुरखुन आया कि मछलियाँ लेकर हाट जाएगा।

उसे देखते ही बच्चे लपकके पास आ गए। वह बैठकर छिक्के की पेंदी पर माँछवाली खंचिया बैठाने लगा। आँखों से प्रसन्नता फूट रही थी।

सचमुच, इतने अच्छे माँगुर सिवाय धनहा चौर के और कहाँ होते हैं। खुशी के मारे कपार की नसें ढीली पड़ गईं तो सहज ही खुरखुन के होंठ अलग-अलग फैल गए और बत्तीसी बाहर झाँकने लगी। दाँत क्या थे, पकी-पोढ़ी लौकी के पंक्तिबद्ध बीज थे मानो। वैसे ही सुफेद, साबित और यकसाँ !

छः साल की नंगी बिटिया अब और करीब आ गई थी, आहिस्ते-आहिस्ते बिलकुल करीब आकर बाप के बदन से सट गई। भुनी हुई मंगुरी का अद्धा खा आई थी। हाथ-मुँह काले हो रहे थे। नाकों में नेटा-पोटा, आँखों में कीचड़। धूल भरा सिर, रूखे-उलझे बाल। चूतड़ में और घुटनों पर घाव।

कड़ी मूँछ के छँटे बालों पर बच्ची ने हथेली रख दी तो खुरखुन ने बाईं बाँह फैलाकर उसे अपनी अँकवार में भर लिया।

उसे जल्दी थी, बच्ची के गालों और ठोड़ी पर हाथ फेरता हुआ खड़ा हो गया। बोला—छोड़, जाने दे ! बहुत सारे काम पड़े हैं...

मछलियाँ टाँगकर खुरखुन हाट की तरफ चला। चलते समय मधुरी से कहता गया कि मंगल के गौने को सत्रह-अठारह रोज़ रह गए हैं, मंइञा तुझे कई बार याद कर चुकी है, आज ज़रूर मिल आना।

माथा झुकाए मधुरी ने बाप की यह बात सुनी थी।

उसने तय कर लिया, आज वह मंइञा से मिल आएगी।

मंगल का खयाल भुलाकर मधुरी इधर-उधर के कामों में और बातचीत में उलझी रही। भाई-बहनों को खाना बनाकर खिलाया, खुद खाया। हँड़िया फिर उसी तरह अंदर झोपड़ी में टाँग दी। बिसुनी बाबा को टिकिया सुलगाकर दिया। बीच-बीच में मेंड़ से जा-जाकर मछलियों का भी अपना मोर्चा सँभाल आई थी।

धनहा चौर में आजकल कहीं भी अथाह पानी नहीं था।

बीचोबीच एक-डेढ़ फर्लांग की लंबाई और डेढ़-दो सौ गज की चौड़ाई में छाती-भर पानी था। जेठ आते-आते यह पानी कमर-भर रह जाता था। असाढ़ से लेकर कार्तिक-अगहन तक धनहा चौर का इतना भाग अथाह पानी की वजह से झील बना रहता था। शरद् ऋतु में खुलकर खिलनेवाले नीले कमलों की बहार देखते ही बनती थी। हँसुली की-सी शकलवाली यह मनोरम झील ही धनहा चौर के यश में चार चाँद लगाए हुए थी।

झीलवाला अंश चौर का दसवाँ हिस्सा था। बाकी हिस्सों में खेती भी होती थी, मछलियों का शिकार भी चलता रहता था। पानी के निकास की कोई राह नहीं थी। सूर्य-नारायण की कृपा से पूस-माघ तक जितनी दूर पानी सूख गया, खेती वहीं तक सीमित रह जाती थी। शेष रहता था पानीवाला भू-खंड। उस तरफ मछुओं-मल्लाहों को छोड़कर और किसी की दिलचस्पी नहीं थी। सर्वे के पुराने कागजात पानीवाले इन क्षेत्रों को 'दहलान' (बाढ़-ग्रस्त) बताते आ रहे थे। पुराने भू-स्वामियों ने मछुओं से दो-एक दफे 'जल-कर' वसूलने की तिकड़म भिड़ाई थी, लेकिन इसमें उन्हें कामयाबी नहीं मिली तो झील की निकटवर्ती कछारें किस्तबंदी ठेकों पर सस्ते-सस्ते उठा दी थीं।

भोला के पिता फउदार सहनी ने बीस-पचीस वर्ष पहले पचास रुपए सालाना शरह पर दस बीघा (तीन एकड़ से कुछ ज्यादा) कछार बन्दोबस्त ली थी। भागलपुर के एक अंग्रेज़ हाकिम को उसने डूबने से बचा लिया था, पुरस्कार के रूप में साहब ने राजा से यह ज़मीन दिलवाई थी। 1934 ई. में भूचाल क्या आई, फउदार का भाग जाग गया था। धरती डोली तो झील का पाट उथला हो गया। उस उथलेपन ने पहले की कछारों को ज़रा ऊपर कर दिया और अब वे उपजाऊ खेत बन गईं।

भोला का चाचा बिसुनी गरीब का गरीब रह गया। अपनी जाँगर ही उसकी असल जमा-पूँजी थी। यही हाल खुरखुन-रंगलाल-नीरस वगैरह सामान्य मछुओं का था। उनमें आपस का एका भी हद दर्जे का था। सभी परिवार दुख-सुख में साथ रहते थे !

घुटना-भर, जाँघ-भर और कमर-भर पानी धनहा चौर में यत्र-तत्र जगमगा रहा था। दूर-दूर सिरकियाँ खड़ी थीं। इधर की मछलियाँ उधर न चली जाएँ, उधर की इधर न आ जाएँ, इसी से निश्चित फासलों पर पानी की हदबंदी की गई थी।

बिसुनी, खुरखुन, रंगलाल, नीरस आदि ने मिलकर काफी दूर तक घेरा डाल रखा था। झील की एक फाँड़ी गोंढ़ियारी के सामने उत्तर की ओर काफी इधर बढ़ आई थी। अब कमर-भर पानी रह गया था। यह पानी चंचल नहीं, स्थिर था। बहता पानी होता तो पतली तीलियों से आड़े-तिर्छे बिनी हुई, बझाऊ-उलझाऊ किस्म की 'सरैला' लगाई गई होती। कभी-कभी हँकाई होती। मछलियों के झुंड अपनी हद में एकतरफा बटुर आते फिर उन्हें गाँज से छाँक लिया जाता या टापी के सहारे पकड़ लिया जाता।

साझे के शिकार में डेढ़-दो सेर गरचुन्नी मछलियाँ आ गईं तो मधुरी ने बहन को पुकारा। वह अपने हिस्से के पानी में घुसकर इच्चा और मारा छाँक रही थी, हाथ में छोटा गाँज था। वह तो नहीं आई, भाई नज़दीक आया।

—मैं चली घर को, तू चलेगा ?

—अभी नहीं ! बहन के साथ आऊँगा।

—तो छोटी को ले जाती हूँ।

छोकरे को भला क्या एतराज होता ?

नीरस की झोपड़ी के पास धूप में बैठकर लाई खा रही थी। मधुरी ने हाथ से घर की ओर चलने का संकेत किया तो दौड़ी आई।

भोला के खलिहान से ज़रा हटकर यह रास्ता था, पुराना बगीचा और नई अमराई में से होकर।

कोई कुछ गा रहा था। स्वर और अलाप मधुरी को परिचित-से लगे। उसका दिल धड़कने लगा...

अरे, यह तो चुल्हाई की तान है ! "मछरिया...कबहूँ पकड़ में न आवे मछरिया ऽऽ..."

चुल्हाई ! रंगलाल का बड़ा लड़का !

मधुरी को कल खुद आकर 'अन्हई' मछली दे गया था। तीन थीं लेकिन उनमें जो बड़ी थी वही मधुरी को पकड़ा आया था चुल्हवा !

मंगल और चुल्हाई—दोनों मधुरी के लिए जान देते थे। उसकी तरफदारी यद्यपि चुल्हवा के नसीब में नहीं पड़ी। फिर भी पट्ठा मधुरी पर फिदा था।

वह इधर-उधर देखने लगी, चुल्हाई नज़र नहीं आ रहा था।

गले में मिठास गज़ब की थी। हल्की ट्यून में दिल का सारा दर्द उँड़ेलकर गा भी रहा था और खलिहान के आगे बाँसों के झुरमुट में पत्ते भी तोड़ रहा था।

मधुरी ने चाल धीमी कर ली। चुल्हाई के गाए पद अब साफ-साफ उसके कानों में पड़ रहे थे—

"कबहूँ पकड़ में न आवे मछरिया !
जुलमी मछरिया चलबल मछरिया !
कबहूँ पकड़ में न आवे मछरिया !
ताल में खेले, तलइया में खेले

कुंइयाँ में डुबकी लगावे मछरिया
कबहूँ पकड़ में न आवे मछरिया !
जुल्मी मछरिया !!
रात की बेरिया बिल्कुल लपत्ता !
दिन में नज़र मटकावे मछरिया !
कबहूँ पकड़ में न आवे मछरिया !
जुल्मी मछरिया !!......................"

मधुरी की रफ्तार इतनी धीमी हो गई थी कि साथ चलनेवाली छः-साला छोटी बहन सौ-एक कदम आगे निकल गई। मुड़-मुड़कर पीछे देख लेती थी। आगे कुत्ता दिखाई दिया तो डर गई, ज़ोरों से चीखी—दि-दि-या गे ! गे दि-दि-या ऽऽऽ !!

तब मधुरी का ध्यान टूटा और पैरों में फुर्ती आई।

घर पहुँची। माँ को मछलियाँ सौंपकर भोला की दादी से मिलने निकली।

नाक नुकीली। आँखें बड़ी-बड़ी। सूरत साँवली। होंठ पतले। दाँत छोटे-छोटे, हमवार और मोतियों-से चमकीले। कद मँझोला। —मधुरी अठारह साल की हो चुकी थी, मलाही-गोंढ़ियारी के युवक अपने गाँव की चार-पाँच सुंदरियों में उसकी गणना करने लगे थे। मंगल और चुल्हाई के साथ मधुरी के स्नेह-सम्पर्क की अफवाहें दो-एक बार उड़ी थीं फिर आहिस्ते-आहिस्ते दब गई थीं। अब मंगल की भी बहू गौना कराकर लिवाई जा रही थी और मधुरी का भी गौना तय हो चुका था।

भोला का बैठकखाना खपड़ों से छाया हुआ था। दूर से ही जगमगा रहा था। अभी पिछले वर्ष ही बाहरी उठ-बैठ के लिए भोला ने यह घर तैयार करवाया था। दीवारें कच्ची ईंटों की, छप्पर बाँस-फूस के। ऊपर खपरैल। पाँच सौ का खर्चा पड़ा तो पड़ा लेकिन बस्ती गोंढ़ियारी में यह एक शानदार बैठकखाना तैयार हो गया। मछुओं की समूची बिरादरी को इस पर गर्व था।

पीछे अंदरवाले घर थे, सामने बड़ा-सा आँगन था—बाहरी सहन। सहन के बाईं ओर, छोर पर दो बैल बँधे थे जिनके सामने काठ की छोटी नाँद पड़ी थी। दाहिनी तरफ बाँस के दो खूँटों के सहारे एक पुरानी डोंगी आधी खड़ी थी, दो बढ़ई नीचे बैठे उसकी पेंदी की मरम्मत में लगे थे। बसूला, रुखान, रंदा, आरी, बर्मा, नाप-निशान के लिए कालिख पुती सुतरी, इंच, रेती, टाँगी, काठ का हथौड़ा...कितने ही औज़ार इर्द-गिर्द बिखरे पड़े थे। रह-रहकर

ठुक-ठुक की आवाज़ें निकल रही थीं। ज़रा हटकर रस्सी-समेत डोल रखा था, आसपास की हल्की भीगी धरती उसके चूते रहने का सबूत पेश कर रही थी। दिनांत की धूप सहन के पूर्वी छोर को छूने ही वाली थी। बैठक के बरामदे पर खंभेली से पीठ टिकाकर बिसुनी बैठा था और जाल बुन रहा था।

बाहरवाली अँगनई पार करके, बैठकखाना के पास से होती हुई मधुरी भोला के परिवार में पहुँच गई।

कपड़े पर सूखे बड़े चिपके हुए थे, ओसारे पर बैठकर मंइञा उन्हें छुड़ा रही थी। सोलह-साला जिलेबिया चूल्हा सुलगाने की फिक्र में थी। मंगल की माँ के हाथों में तराजू और बटखरा था, चावल तोल रही थी। भोला और मंगल कहीं गए हुए थे। जंगल मधेपुर गया था फुटबाल-मैच देखने। छोटी लड़की सिलेबिया पड़ोस के बच्चों में खेलने गई थी।

मधुरी मंइञा के पास आ बैठी और बड़े छुड़ाने में हाथ बटाने लगी।

मंइञा ने गौर से मधुरी का चेहरा देखा। बोली—ताड़ होती जा रही दिन से दिन ! क्यों री ?

मधुरी संकोच के मारे झुक गई। मंगल की माँ ने उधर से कहा—इसका भी गौना बैसाख तक हो जाएगा।

इस चर्चा से जिलेबिया को गुदगुदी-सी महसूस हुई, जी में आया कि वह भी कुछ कहे। लेकिन माँ के डर से चुप रही। पर, दादी (मंइञा) के सामने अनाप-शनाप चाहे जो भी बक जाती, कोई बात नहीं।

अपने गौना के बारे में मधुरी अब और कुछ नहीं सुनना चाहती थी। चाहती थी मंगल की बहू के बारे में सुनना, बल्कि इसीलिए आई थी।

ससुराल में तेरे कौन-कौन हैं ?—बुढ़िया ने पूछा और लगा कि अभी वह इस प्रकार की अपनी अनेक जिज्ञासाएँ मधुरी के शब्दों में पूरी करना चाहती है।

मंइञा का प्रश्न बेकार गया। मंगल की माँ का सारा ध्यान चावल तोलने में केंद्रित था और मधुरी मौन थी।

कि जिलेबिया ने एक साधारण-सी बात कहकर प्रसंग ही बदल दिया। चूल्हा सुलग उठा तो वह बोली—पहले हमारी भाभी आ लेगी, मधुरी का गौना बाद को होगा।

मधुरी ने चट से पूछा—तेरी भाभी के कितने भाई हैं जिलेबिया ?

—तीन।

—और बहनें ?

—भाभी को छोड़कर दो और हैं।

इस तरह के सवाल-जवाब दस-पाँच और चले। फिर कुछ क्षण बाद, सुलगाई हुई टिकिया चढ़ाकर जिलेबिया मंइञा को हुक्का थमा गई तो ध्वनि और स्फोट का श्रुतिमधुर सिलसिला चला—गुड़-गुड़-गुड़-गुड़-गुड़क्, गुड़-गुड़-गुड़-गुड़...

कपड़े से चिपके हुए सूखे बड़े अलग हो चुके थे। बड़ों से भरी चंगेरी जिलेबिया अंदर रख आई तो मधुरी से सटकर बैठी।

मधुरी खिसककर मंइञा के पीठ-पीछे उकड़ूँ बैठ गई।

बुढ़िया के बाल अब भी सारे के सारे सफेद नहीं हुए थे, रूखे-सूखे अवश्य थे। मधुरी ने बालों के जंगल में जूँ का शिकार शुरू कर दिया। एक-एक बाल की जड़ में अपनी ताज़ा और पैनी निगाहें फेंकने लगी। नज़रों की सफाई और उँगलियों की फुर्ती, जूँ की गिरफ्तारी के लिए बस और चाहिए ही क्या ? शिकार हाथ आने लगे और अंगूठों के नाखूनी पाटों पर टपाटप उनकी कचूमर निकलने लगी। बीच में एक बार अंडोंवाली बड़ी जूँ पकड़ में आई तो मधुरी का चेहरा चमक उठा और विस्मय में हल्की चीख निकली—गे मंइञा ! कैसा-कैसा जानवर पाले हुए है तू ! तब जिलेबिया ने उस बड़ी जूँ को अपने कब्जे में ले लिया।

ज़रा देर बाद मंइञा के कंधे में अपनी ठुड्डी धँसाकर आहिस्ते से पूछा—किसलिए बुलाया था मुझे ?

बुढ़िया बोली—बहू आएगी, मेहमान आएँगे। मंगल की माँ अकेले क्या-क्या करेगी ? तुझको अभी से सबकुछ समझ-बूझ के रखना है, नहीं तो बखत पर मुँह बा देगी ! हाँ !

मंगल की माँ तौलने का काम खत्म कर चुकी थी। खड़ी हुई, नज़दीक आई और हाथ चमकाकर कहा—तू तो अब आती ही नहीं ?

स्वरों में उपालंभ की झाँस थी। मधुरी ने उसे अनुभव किया। सचमुच वह पंद्रह रोज़ बाद आज इधर आई थी। सफाई के तौर पर कुछ कहना ज़रूरी हो गया।

मंइञा के बालों को छोड़ दिया। सामने आ गई और कहा—माँ की तबियत ठीक नहीं थी, पिछले दिनों। घर की सारी जिम्मेदारी मेरे माथे आ पड़ी थी मंइञा !

मंगल की माँ ने अपनी बेटी से कहा—देख क्या रही है मुलुर-मुलुर ! चावल उठाकर अंदर रखेगी कि नहीं ?

फिर मधुरी की ओर देखकर बोली—देखती है मधुरी, सोलह साल की हो गई तो भी जिलेबिया के मगज में अपने आप कोई बात नहीं आती है ! पग-पग पर भूँकना पड़ता है, तभी समझती है। हाय राम, ससुराल में कैसे इस भकोल का निर्बाह होगा !!...

बाँह-समेत हाथ उठाकर मंइञा बीच में ही टप्प से बोली—तू जब पीहर से पहले-पहल यहाँ आई थी तो दाल छौंकने तक का लूर नहीं था ! हूँ !!

मंगल की माँ ने इस पर कहा—जिलेबिया ससुराल जाएगी तो दाल-भाजी बघारने के लिए तुम साथ जाना ! हूँ !

मधुरी ने बीच-बचाव किया, बोली—नहीं काकी, जिलेबिया मछली अच्छा पकाती है ! मेरे सामने तुम इसको बेशऊर न कहना !

खेल-खेल में जिलेबिया को किसी ने कुढ़ा दिया था। रोती हुई आकर माँ के सामने खड़ी हो गई तो सबका ध्यान अपनी तरफ खींच लिया उसने।

तीन

गरोखर और उससे पच्छिम कोस-भर का इलाका देपुरा के मैथिल ज़मींदारों के अधिकार में था। कभी वे सचमुच 'बाबू साहेब' और 'सरकार' थे। तिरहुत के खानदानी शासक।

अब लेकिन ज़मींदारी-उन्मूलन कानून के मुताबिक रैयतों से ज़मीन का लगान या मालगुजारी वसूल-तहसील करने के हकों से मौकूफ हो चुके थे। व्यक्तिगत जोत की ज़मीन, बाग-बगीचे, कुआँ-चभच्चा और पोखर, देवी-देवता के नाम चढ़ी हुई जायदाद, चरागाह, परती-पराँत, नदियों के पाट और तटवर्ती भूमि जैसी कुछ-एक अचल सम्पत्तियों के मामले में ज़मींदारी-उन्मूलन कानून ने भू-स्वामियों को खुली छूट दे दी। नतीजा यह हुआ कि पोखरों और चरागाहों तक को वे चुपके-चुपके बेचने लगे—"आग लगते झोपड़ी जो निकले सो लाभ।"

गरोखर के भिंडों पर बाग थे जिनमें आम, जामुन, कटहल, बड़हल, बेलें, पितोझिया, मौलसिरी, नीम, पाकड़, सेमल, बरगद, पीपल और साहड़ के

पुराने पेड़ थे। पिछले दो-तीन वर्षों के अंदर दो-तिहाई वृक्षों का सफाया हो चुका था। कछार की ज़मीनें धड़ाधड़ आबाद हो गई थीं। गढ़पोखर की हद के अंदर पानी के चारों ओर लहलहाती फसलें देखकर लोग कहा करते—दस-पाँच साल में अब गरोखर नहीं रहेगा, उथली-छिछली तलैया रह जाएगी यहाँ !

मलाही गाँव का मोहन माँझी लेकिन और ही सपने देख रहा था।

मोहन माँझी के स्वप्न थे कि गढ़पोखर का जीर्णोद्धार होगा आगे चलकर और तब मलाही-गोंढ़ियारी के ये ग्रामांचल मछली-पालन-व्यवसाय का आधुनिकतम केंद्र हो जाएँगे। वैज्ञानिक प्रणाली से यहाँ मछलियाँ पाली जाएँगी। पूस से लेकर जेठ तक प्रति वर्ष अच्छी से अच्छी मछलियाँ अधिक से अधिक परिमाण में हम निकाल ले सकेंगे। एक-एक सीजन में पचास-पचास हज़ार रुपयों तक की आय होगी। मलाही-गोंढ़ियारी का एक-एक परिवार गरोखर की बदौलत सुखी-सम्पन्न हो जाएगा। विशाल जलाशय की इन कछारों में हम किस्म-किस्म के कमलों और कुमुदिनियों की खेती करेंगे। पक्की-ऊँची भिंडों पर इकतल्ला सैनिटोरियम बनेगा, फिर दूर-पास के विश्रामार्थी आ-आकर यहाँ छुट्टियाँ मनाया करेंगे...

मोहन माँझी पागल नहीं था, सपने ही नहीं देखा करता था। राष्ट्रीय स्वाधीनता संग्राम का एक अदना-सा सिपाही था वह। 15 अगस्त '47 के पहले ही तीन बार जेल की सजाएँ भुगत आया था। खरी-खरी सुनाने की और सर्व-साधारण जनता का पक्ष लेकर चाहे जो-कुछ कर गुज़रने की लत पड़ गई थी। अब वह हँसिया-हथौड़ा-मार्का लाल झंडावाली किसान सभा का थाना-सभापति था। इससे पहले प्रजा समाजवादी पार्टी की जिला-कमेटी का सदस्य था। कम पढ़ा-लिखा होने पर भी समझ पैनी थी और ईमानदारी के तो भला क्या कहने !

आधा चैत बीत चला था।

रविवार होने से स्कूल में छुट्टी थी।

प्राइमरी स्कूल का यह भितहा मकान गाँव के पूर्वी छोर पर था। तीन तरफ से घिरा, सामने खुला। अँगनई का अगला हिस्सा तगर-कनेर-बेला-हरसिंगार के झाड़ों से सरसब्ज़ था।

बिरादरी के बालिग मेम्बरान जुटे थे—भोला, खुरखुन, बिसुनी, रंगलाल, नीरस, नरायन, छीतन, बंसी, नबति, कल्लर, भोकर, नथुनी, नकछेदी, बीलट, भइयन, टुन्नी, जलधर, गंगा, नंदे...वगैरह सारे के सारे थे। पचास-साठ जने

होंगे। औरत एक भी नहीं थी। दस-पंद्रह लड़के तमाशबीन बने किनारे-किनारे खड़े थे।

कभी शोरगुल बढ़ जाता और कभी एक ही आदमी कुछ कहता सुनाई देता। कुछ-एक की जीभ नहीं, हाथ ही सक्रिय थे। जाल बिकने लायक मज़बूत धागा बाँट रहा था कोई, कोई जाल बिन रहा था। कोई टापी या गाँज बनाने के लिए बाँस की फट्ठी से खपच्चियाँ छील रहा था तो किसी के सामने मूँज पड़ी थी। खुरखुन की गोद में उसकी वही छः-साला बेटी थी।

गोनड़ सबसे बूढ़ा था, तिरासी साल का।

भोला ने नाम पुकारकर पूछा—गोनड़ बाबा, तुम्हारी क्या राय होती है ?

निकले हुए कान और पतली सफेद मूँछें, गोनड़ के चेहरे की यही विशेषता थी। सबकी निगाहें बुड्ढे पर जमी थीं। उसने आँखें मिचमिचाकर कहा—मैं क्या तीन त्रिभुवन से बाहर हूँ ? अरे, जो सबकी राय होगी वही राय मेरी होगी !

इतना कहकर गोनड़ ने माथा झुकाया और मैली धोती की खूँट से नाक पोंछ ली।

तो भी कुछ कहो न—पाँच-सात आदमियों का समवेत स्वर।

बूढ़े ने जमात की तरफ देखा। उसकी अपनी पतली भौंहोंवाली काली आँखें चमक रही थीं। दृढ़ता का भाव मुखमंडल को दीप्त कर चुका था।

उसने गंभीर लहजे में कहा—"यह पानी सदा से हमारा रहा है, किसी भी हालत में हम इसे छोड़ नहीं सकते। पानी और माटी न कभी बिके हैं, न कभी बिकेंगे। गरोखर का पानी मामूली पानी नहीं, वह तो हमारे शरीर का लहू है। जिनगी का निचोड़ है।"

गोनड़ इतना ही कहकर बैठ गया।

जमात में आज बड़ी सरगर्मी थी। सभी एकमत थे कि छोड़ा नहीं जाए। गढ़पोखर पर हमेशा अपना अधिकार रहा है। ज़मींदार जल-कर लेता था, हम देते थे। नया खरीददार दूसरे-तीसरे गाँव के मछुओं को मछलियाँ निकालने का ठेका देता चलेगा और हम अपने पुश्तैनी अधिकारों से वंचित होकर रुलते फिरेंगे, भला यह भी क्या मानने की बात है ?

नया खरीददार सतघरा के ज़मींदार थे। वे लोग गढ़पोखर की नए सिरे से बंदोबस्ती देकर ज्यादा से ज्यादा रकम बटोरना चाहते थे। उनमें से एक शासक-दल का पुराना और प्रतिष्ठित नेता भी था। पटना, दिल्ली और

जिला-केंद्र लहेरियासराय के बड़े अधिकारियों से उनकी मिलीभगत थी। दफा 144 के मुताबिक खट् से एक समन आ धमका था। सभी गोंढ़ियारी के मछुओं में यह सरगर्मी आई थी।

ऐसा एक भी दिन नहीं गुजरता जब कि गढ़पोखर से मछलियाँ न निकाली जाती हों।

इस तिपहर में भी दो नौजवान उत्तरवाली भिंड की ओर पानी में काँटे डाले बैठे थे। यों भी छोटी मछलियाँ निकालनेवालों के लिए रोक-टोक कम थी। बड़ी मछलियाँ निकालना मना था। बाढ़ और वर्षा के दिनों में यह प्रतिबंध काफी ढीला हो जाता था।

भोला, नकछेदी और गंगा सहनी ने पिछले वर्ष तीन हज़ार रुपए नकद गिनकर दो साल के लिए गरोखर का पट्टा लिखवाया था। मछलियाँ निकाले जाने पर आधा हिस्सा उनमें मछुओं की मज़दूरी होती थी बाकी आधा हिस्सा भोला, नकछेदी और गंगा सहनी आपस में बराबर-बराबर बाँट लेते थे।

अब सतघरा के भूमिहार ज़मींदार गढ़पोखर के मामले में क्या रुख लेंगे, कहना असंभव था। कई तरह की अफवाहें उड़ रही थीं और गोंढ़ियारी के मछुओं का मन अशांत था।

बैठक अनियमित ढंग से ही थोड़ी देर तक चलती रही। बाद को लोग उठ-उठ कर जाने लगे और स्कूली लड़के कबड्डी खेलने आ धमके।

भोला, खुरखुन, रंगलाल, नीरस आदि आठ-दस जने रह गए थे। मोथी की उस चटाई पर कोई पूरा लेट गया था, कोई आधा। नीरस बैठकर जाल बुन रहा था। खुरखुन बाँस की पतली चैली में से छील-छीलकर तीलियाँ तैयार कर रहा था। सिलेबिया हुक्का भर लाई थी, भोला उसे गुड़गुड़ा रहा था। रंगलाल और नकछेदी लेटे-लेटे बातें कर रहे थे। उस बातचीत में सभी के दिल मानो पिरोए हुए थे।

गढ़पोखर की इधरवाली भिंड काफी ऊँची थी। गोंढ़ियारी का उत्तर पूरबी कोनैला छोर उसे छूता था। गाँव से उत्तर सटकर पुरानी अमराई से लगा हुआ था गरोखर का इधरवाला (दक्खिनी) भिंडा। प्राइमरी स्कूल गाँव के उत्तर-पूरब, गरोखर की ऊँची भिंड के दक्खिनी ढलान पर, खड़ा अलग से ही जगमगा रहा था। स्कूल का पिछवाड़ा गाँव की तरफ और अगला हिस्सा पोखर की तरफ पड़ता था। तमुड़िया रेलवे-स्टेशन से आनेवाली सड़क पूर्वी भिंड के पासाप्रासी आकर ज़रा आगे बढ़ते ही 'धनहा चौर' के सम्मान में बा-अदब धनुषाकार हो गई थी; गोंढ़ियारी और मलाही को दाहिनी बगल

से सहलाती हुई आधी मील चलकर वह फिर दक्षिण दिशा में सीधे मुड़ी थी। खूब चालू रास्ता था यह। पिछले पाँच-सात वर्षों में मिनिस्टरों-आफिसरों-नेताओं-ठेकेदारों की टूर दसगुना बढ़ गई थी, अब जिला बोर्ड इस कच्ची सड़क को पक्की सड़क ही नहीं बल्कि 'पीच-रोड' बनाने पर तुला था। फूलपरास-बाज़ार से बिरौल होती हुई बहेड़ी और लहेरियासराय तक पहुँचनेवाली इस 'पक्की सड़क' को सन् '56 के अंत तक तैयार होना ही था।

स्कूल के बाएँ, छोटी मछलियाँ फाँसनेवाले छोटे-हल्के जाल ऊँची भिंड पर सूख रहे थे...घूम-घुमाकर पानी में फेंके जानेवाले जाल थे ये—दोनही, पोठिया, मरइली, खपियार, घनी, सतोल, दुआली, ठेंठी...कई किस्में थीं छोटे जालों की।

तिपहर की चैती धूप उन्हें सुखाने को काफी थी। चार-पाँच कोस पच्छिम बहेड़ा से पूरब किसी गाँव की सूखती तलइया में इन जालों का इस्तेमाल किया गया था। अब आज ये सूख रहे थे।

सबकी नज़र बचाकर मोहन माँझी आया और स्कूल के आँगन में खड़ा हो गया।

लड़के कबड्डी खेल रहे थे—चेत् कबड्डी चेत् कबड्डी चेत् कबड्डी चेत् कबड्डी...और मोहन माँझी के अंदर बैठा हुआ नौजवान छलाँग मारकर बाहर निकल भागा। जाकर वह खेलनेवालों में शामिल हो गया...चेत् कबड्डी ! चेत् कबड्डी !!...

मगन होकर मोहन माँझी कबड्डी का खेल देखने लगा। थोड़ी देर के लिए भूल गया कि किस मतलब से यहाँ आया है।

ग्रीष्म के आरंभ की झुलसी दूबों से ढका-ढका-सा स्कूल का आँगन निगाहों को अखर रहा था। बीचोबीच सीधी-सादी रेखा थी, हल्के हाथों की छोटी खुरपी से दूबिया ज़मीन खुरच-खुरचकर बनाई हुई। खिलाड़ियों के दोनों दलों की दर्म्यानी सीमा।

मोहन माँझी देर तक खड़ा रह जाता अगर सुर्ती थूकने न उठा होता भोला।

भोला देर तक खैनी की डबल जूम निचले होंठ से दबाए हुए था। छोटी तम्बाखू की यह तेज-कड़क पत्ती नीरस जाने कहाँ से लाया था ! सभी ने तारीफ की थी। बीड़ी-सिगरेट और जर्दा-किमाम के इस जमाने में छोटी तम्बाखू का महातम गो कि घट गया है तो भी गोंढ़ियारी के मछुए बड़ी

तम्बाखू के नाम पर उत्साहित नहीं होते थे।

देर तक सुर्ती मुँह में रखे रहने के कारण भोला का माथा चकराने-सा लगा तो उठकर वह उसे थूकने आया।

थूककर लार की तार धोती की खूँट के सहारे पोंछने लगा। निगाहें सामने कबड्डी खेलनेवालों से जा टकराईं। गाँव के ही लड़के थे। कुछ एक नौजवान तमाशाई भी थे, कुछ एक छोटे बच्चे। बाकी जो थे, सो मलाही के वही मोहन माँझी। माँझी को हमउम्र लोग 'नेताजी' कहते थे और उसने अनासक्ति दिखलाकर अपना यह नाम चालू हो जाने दिया था।

भोला और मोहन ने दर्जा दो साथ-साथ पास किया था। छै महीने की जेठाई-छोटाई थी। एकाएक वह दिखाई पड़ा तो भोला हुलास-भरी आवाज़ में बोला—"अरे, नेताजी ! कब से खड़े हो भाई ?"

सुपरिचित स्वर कानों से टकराए और मोहन माँझी के अंदर का नौजवान गायब हो गया।

भोला आगे बढ़ आया। खुरखुन, रंगलाल, नीरस सभी उठ आए।

माँझी को स्कूल के अंदर ले गए।

आधी बाँहों की कोकटी कमीज़। मामूली सूतों की मटमैली धोती। खाकी थैला बाँह से लटक रहा था। पैरों के नाखून बड़े-बड़े और बेकाबू। चेहरा गोल, पेशानी चौड़ी। लाल-लाल छोटी आँखों में काली पुतलियाँ खूब खुल नहीं पा रही थीं।

नेताजी जब कभी उनके बीच आ धमकता तो जीवन की सोई हुई ताज़गी को जगा जाता।

खुद भी व्यक्ति-व्यक्ति की बातें ध्यान से सुनता। कभी-कभी शाम को आता और खाना भोला के साथ खाकर अपनी जाति के महान् पूर्वज जयसिंह कौर रन्नू सरदार की गाथाएँ रात-भर सुनता रह जाता।

बैठने पर थोड़ी देर तक जिला-जवार, देश-परदेश और समय-साल की चर्चाएँ चलीं। सतघरा के बबुआन गरोखर के पानी से बे-दखल करना चाहते हैं मलाही-गोंढ़ियारी के मछुओं को, अब अदालती भूल-भुलइया में भटकाकर उन्हें बे-दम कर देना चाहते हैं...मोहन माँझी से यह सब छिपा नहीं था।

लड़कों की कबड्डी हो चुकी थी। दिन थोड़ा था। सूखते हुए जाल समेटे जा रहे थे।

भोला, खुरखुन आदि भी मोहन माँझी को आगे करके बैठकखाना में आ पहुँचे।

धान के नारों की बिनी मोटी चटाइयाँ तीन-चार बिछी थीं। उन्हीं पर भाई लोग बैठ गए। अबकी नेताजी ने थैले से रसीदें निकाल लीं और किसान सभा का मेंबर बन जाने की अपील करते हुए उसके उद्‌देश्यों पर प्रवचन आरंभ कर दिया।

बीच में ही खुरखुन ने कहा—"मगर हम तो किसान नहीं, मछुए हैं। किसान सभा-फिसान-सभा का मेंबर होने से हमें क्या ! नेताजी, मछुआ-कछुआ सभा कोई कहीं हो तो मुझे बताना। उसका मेंबर ज़रूर बन जाऊँगा।"

"मछुआ लोगों की सभा तो है ही"—भोला ने कहा—"अरे, वह निषाद महासभा है न खुरखुन भाई ?"

—फुलेना परसादवाली ?

—तो और कौन-सी !

—फिर नेताजी की किसान सभा का मेंबर हम क्यों बनें ?

भोला जवाब देने ही जा रहा था कि मोहन माँझी ने हाथ के इशारे से उसे रोक दिया, कहा—"मैं बताऊँ ?"

इसी बीच जिलेबिया भर-चंगेरी भुने चिवड़े और मछली के तले खंड सामने रख गई। लेकिन अभ्यागत ने उधर ध्यान नहीं दिया। भोला ने ध्यान दिलाकर कहा—"नेताजी, यह भी चले और वह भी चले !"

रंगलाल चला गया था। खुरखुन और नीरस ने भोला की बात का समर्थन-अनुमोदन किया—"हाँ, नेताजी ?"

"पाँच मिनट बाद,"—मोहन माँझी ने नाश्ते की चंगेरी बाईं तरफ सरका दी और बताना शुरू किया :

"भाइयो, किसान सभा देहातों में रहनेवाले कुल मेहनतकश लोगों का एकमात्र मिला-जुला सुदृढ़ संगठन है। हम लोग मछुआ हैं, निषाद भाई हैं। सहनी, मुखिया, खुनौट, सोरहिया, बाँतर, तीयर, जलुआ, माँझी; खानदानी उपाधि किसी की कुछ है तो किसी की कुछ। मगर हैं फिर भी सभी निषाद। किसी युग में हमारी संख्या थोड़ी थी। उन दिनों केवल नाव चलाना और मछलियाँ पकड़ना हमारे पेशे थे। अब हमारी बिरादरी खेती भी करती है, मज़दूरी भी। पढ़-लिखकर कुछ-एक भाई-बहन ऊँचे ओहदों पर भी पहुँच रहे हैं। समूचे भारत की बात छोड़ दें। बिहार की ही लीजिए। अपनी बिरादरी के सैकड़ों लड़के आम बिहारी लड़कों और दूसरे-दूसरे प्रदेश के प्रवासी लड़कों के साथ मिल-जुलकर स्कूल-कॉलेजों में ज्ञान-विज्ञान हासिल कर रहे हैं। जात-पाँत की पुरानी दीवारें ढह रही हैं, नए प्रकार की विशाल बिरादरी उनका

स्थान लेने आ रही है। एकता का यह आलोक देहातों में भी प्रवेश कर चुका है। जब ऐसी बात है तो नाहक हमारी बिरादरी के चंद अगुआ निषादों के अलग संगठन का शंख फूँक रहे हैं। दो-चार स्वार्थी निषादों का इससे फायदा होगा, यह मैं मानता हूँ। मैथिली महासभा, राजपूत महासभा, यादव महासभा, दुसाध महासभा आदि जो भी सांप्रदायिक संगठन हैं, सभी का बायकाट होना चाहिए। इन महासभाओं के नेता आम लोगों की एकता में दरार डालने का ही एकमात्र काम करते हैं। देहातों में रहनेवाली सारी जनता का खेती-किसानी से थोड़ा-बहुत लगाव रहता ही है, तो कैसे कोई किसान सभा की मेंबरी से इनकार करेगा ? गढ़-पोखर हमारे हाथों से न निकले, इसके लिए हमें कोशिश करनी होगी। इस संघर्ष में निषाद महासभा, नहीं, किसान सभा जैसी जुझारू जमात ही हमारी सहायता कर सकती है...”

लगभग पंद्रह मिनट तक मोहन माँझी बोले।

श्रोताओं ने बड़े गौर से प्रवचन सुना। बातें अपनी भाखा में यानी मैथिली में कही गई थीं और समझाने-बुझाने की नीयत से कही गई थीं, व्याख्यानबाजी का तूफानमेल नहीं छोड़ा गया था। कुल मिलाकर असर अच्छा ही पड़ा था।

—अच्छा, तो नाश्ता कर लो अब !

—हाँ, नेताजी !

भोला के स्वर से कई कंठों के स्वर आ मिले।

बरामदे के किनारे डोल में पानी था, लोटा था।

मोहन माँझी उठकर मुँह-हाथ धो आए तो भोला ने अपना अँगोछा आगे कर दिया—पोंछ लो !

हाथ-मुँह पोंछ-पाँछकर मोहन आ बैठे और नाश्ता शुरू हुआ। चिवड़े भुने थे, उनमें अचार का मसालेदार तेल मिलाया हुआ था। नमक और हरी मिर्च अलग भी थीं। बुआरी मछली के तले हुए आठ-दस खंड दूसरी छिपिया में थे।

बातें होती रहीं और नाश्ता भी चलता रहा।

मंगल ने आकर मोहन को ‘पाँयलगी’ की, चिवड़ा-मछली से भरे मुँह की दबी-सिकुड़ी आवाज़ में उसने कहा—“मस्त रह बेटा !”

भोला ने पूछा—“जंगला कहाँ गया है रे ?”

मंगल को मालूम नहीं था कि जंगल किधर गया है। वह चुपचाप एक तरफ हटकर बैठ गया।

मंगल बीस साल का, जंगल सोलह साल का। भोला सहनी के दो लड़के थे। लड़कियाँ भी दो—जिलेबी और सिलेबी; बड़ी चौदह साल की, छोटी दस की।

खुरखुन खैनी मल रहा था, बोला—"आ-हा ! आप न हुए नेताजी, फागुन में अबकी हम मंगल की ससुराल गए। गौना था न इसका ! क्या मुल्क है वो भी !"

मोहन की समझ में नहीं आई बात तो भोला मुस्कुराया।

नीरस ने कहा—"समझा नहीं नेताजी आपने ? मोरङ है न नेपाल का इलाका ! उधर की ही लड़की है !"

—अच्छा ! तो क्या देखा उधर ?

—लोग नहाते नहीं हैं, बदबू के मारे किसी के पास बैठना मुश्किल था।

—तो नेपाल नहीं, वे भोटिया होंगे !

—नहीं, नेपाल की बात है नेताजी !

—तो फिर जाड़ों का मौसम रहा होगा !

—नेताजी, आप तो लगे मंगल की ससुराल के लोगों का पच्छ लेने !

इस पर मोहन माँझी को हँसी आ गई तो सभी हँस पड़े। मंगल का अपना चेहरा भी चमकने लगा।

नाश्ता-पानी के बाद सुपारी का अद्धा थमा दिया भोला ने तो मोहन माँझी ने उसे मुँह में रख लिया और उठ खड़े हुए।

—अब आज जाने दो भोला !

—यह अपना घर होता तब न !

—नहीं, आज मलाही जाना ज़रूरी है मीता !...

पचास रसीदोंवाली मेंबरी की एक छोटी बही मोहन माँझी से लेकर भोला ने मंगल को थमाई और कहा—"घर-घर से इकन्नी वसूल करके रसीद काट देना।" फिर मोहन की तरफ देखकर वह बोला—"परसों शाम तक तीन रुपइया दुइ आना पहुँचा देंगे।"

सिर हिलाकर माँझी ने अपनी मंजूरी जतलाई।

और नेताजी बैठकखाना से नीचे उतरे।

भोला, खुरखुन और नीरस उन्हें गोंढ़ियारी की सीमा तक छोड़ आए।

चार

हिंद हितकारी समाज की कोसी-शाखा के पदाधिकारी और दर्जनों प्रमुख कांग्रेसी जीपों में सवार हफ्तों घूमते फिरे थे, इन क्षेत्रों के गाँव-गाँव में श्रमदान का आह्वान गूँजा था। सभी वर्गों के लोग कोसी-बाँध की योजना के नाम पर उन्मुख-उत्सुक हुए थे।

मलाही-गोंढ़ियारी के बीस गरीब मछुए और दूसरी जातियों के मज़दूर भुतहा-महादेव मठ पहुँचे और चार-छै रोज बाद ही वापस भाग आए थे।

खाते-पीते परिवारों के शौकिया श्रमदानी सज्जनों की बात ही और थी। उनकी सुविधा के अनेक साधन कोसी-किनारे जुट गए थे। चाय-बिस्कुट, पान, सिगरेट, शर्बत-मिठाई, पूड़ी-कचौड़ी, चूड़ा-दही, रेडियो-सिनेमा रिकार्ड, माइक-लाउड स्पीकर, अखबार और पत्र-पत्रिकाएँ...कैमरावालों की भरमार थी ही, पास-पड़ोस के परिचित कांग्रेसी नेताओं की सिफारिश से वे पटना या दिल्ली से आए हुए ऊँचे पदाधिकारी के साथ भीड़ में खड़े हो जाते और फोटो खिंच जाती। इन लोगों का श्रमदान क्या था, बैठे-ठाले का अच्छा-खासा मनोरंजन था। 'नेशनल कैडेट-कोर' की निगरानी में बीसियों हज़ार स्कूली-कालिजी लड़के कोसी के पूर्वीय और पश्चिमीय—दोनों तटबंधों का निर्माण करने आए थे, उन्होंने अलबत्ता काफी काम किए थे। ठेकेदारों ने मज़दूरों से करवाया था। पश्चिमी तटबंध का अब तक का अधिकांश काम इन्हीं के हाथों हुआ था। हिंद हितकारी समाजवालों ने शौकिया श्रमदान तो लिया ही था, अलावा इसके, किनारे की ग्राम-पंचायतों के जिम्मे उन्होंने यह भार सौंपा था कि वे मज़दूरों से काम लें और उन्हें मेहनताना दें। संगठन की ढीला-पोली से या स्वार्थियों के कुचक्र से हुआ ऐसा कि पंचायतों के अधीन काम करनेवाले मज़दूरों को कोसी-किनारे से भाग आना पड़ा।

वापस आनेवालों में से टुन्नी, कल्लर, भोकर, नथुनी आदि थे।

खुरखुन ने अगले ही दिन पूछा—"बड़ी जल्दी भाग आए, क्या बात थी ?"

"बात क्या रहेगी"—कल्लर ने कहा—"कुछ नहीं ! दूर के ढोल सुहावन ! बस, यही समझ लो खुरखुन काका !"

नथुनी नकियाकर बोलता था, बोला—"हाँ, हों ! कंमंला मंइंञा कीं दंयाँ से जैंसें तैंसें घंर आँ गंएं..."

गोनड़ जाल की किनारी में लोहे की गोटियाँ कस रहा था। बीच गाँव के चौराहे पर प्रौढ़ पाकड़ की छाँह और वैशाख का महीना ? लोग काम भी कर रहे थे, आराम भी। वक्त काटने में जीभों के सरौते भी खूब मदद पहुँचा रहे थे। टुन्नी मछलियाँ फँसाने की बड़ी-सी टभकी तैयार कर रहा था। बाँस की गोल चिकनी खपच्चियों में गोंढ़-लत्ती की आधी सूखी बेल उलझाता और कसता जा रहा था।

गोनड़ भभाकर हँस पड़ा, खीसें निकल आईं। टुन्नी से उसने कहा—"अरे वो बात तो बताई ही नहीं तुमने !..."

कौन-सी—सभी ने टुन्नी की तरफ जिज्ञासा की दुहरी-तिहरी निगाहें गड़ा दीं।

"जाने भी दो, जो बीत गई सो बात गई !" टुन्नी ने कहा।

खुरखुन चार दिन पहले फुलपरास-बाज़ार से हरी-पीली-धानी आँचलोंवाला सफेद मोटिया गमछा लाया था। अभी पीठ के नीचे उसे ही बिछा रखा था।

लेटे ही लेटे उसने ज़ोर देकर कहा—"अंहं, अब तो बतलाना ही पड़ेगा टुन्नी ! क्या करके आए हो ?"

खुरदरा चेहरा। खुचरा मूँछें। छोटा कपार। छोटी आँखें। कद नाटा और सूरत भूरी। काम छोड़कर टुन्नी थोड़ी देर के लिए अपनी प्रतिमा आप बन गया।

फिर कहने लगा—भूँजा फरही की पोटली बाँधकर कोसी किनारे गया मैं इसलिए कि दस रोज बाँध की मजूरी करूँगा, खाना-खेवा निकालकर कम से कम अठारह आना-बीस आना रोज तो बचा ही लूँगा। चार-छै जून साथ के दाने चबा-चूबकर भूख को ठगता रहा, फिर उधार की खिचड़ी चलने लगी। पहली बार जिस बाबू ने नाम लिखा, वह दूसरी बार नहीं मिला। दूसरे दिन जो भाई काम लेने आए, दो रोज बाद उनका भी पता नहीं। मिट्टी काटते-ढोते बारह दिन बीत गए, छदाम का भी दरसन नहीं हुआ। उधार खाते चावल-दाल-नमक-हल्दी-मिर्ची-ईंधन देनेवाला दूकानदार भला क्यों छोड़ने लगा ? कुदाल रख ली, टोकरा रख लिया, धोती तक उतरवा ली ! कमर से गमछा लपेटे दो दिन, दो रात का भूखा मैं घर लौट आया हूँ...

इतना कहकर टुन्नी ने लंबी साँस ली और धरती छूकर दोनों कान छू लिए।

खुरखुन से लेटा नहीं रहा गया अब, वह उठ बैठा।

आवेशमय स्वर में अपने आप वह बड़बड़ाने लगा, दोनों हाथ उलाहना

की मुद्रा में आसमान की तरफ उठे थे—"हे भगवान, कैसा जमाना आया है ! पच्चीस करोड़-पचास करोड़ रुपइया लगाकर दस-पंद्रह साल में कोसी-बाँध तैयार होंगे, हज़ारों का माहवारी चारा पानेवाले पचासों आफीसर बहाल हुए हैं। लाखों के ठेके मिले हैं ठेकेदारों को। करोड़ों का सामान बीरपुर में लाकर अटा दिया गया है। रात-दिन हवाई जहाज़ कोसी इलाके में मँडराते रहते हैं। पानी की तरह रकम बहाई जा रही है। फिर गरीब मज़दूरों के साथ ही सुराजी बाबू लोग इस तरह का खिलवाड़ क्यों कर रहे हैं ? ऐसा अनर्थ तो न कभी सुना, न देखा ! हे भगवान, सृष्टि के इन्हीं तौर-तरीकों में तुम्हें अपने विधातापन का स्वाद मिलता है ? हिंद-हितकारी समाज नहीं, पेट-हितकारी समाज ! छी-छी-छी-छी..."

गोनड़ ने भोली हँसी हँसकर फिर कहा—"अरे, कुछ और सुन लो खुरखुन ! इतने में ही उबिया गए ?"

खुरखुन उठकर खड़ा हो गया। गमछा झाड़-झूड़कर कंधे पर ले लिया।

घर की तरफ चला तो भोला के कुत्ते ने कहीं से आकर अपने मालिक के गाढ़े दोस्त की टाँग सूँघ ली। प्यार के प्रतिदान की प्रतीक्षा में दस-बीस कदम तक वह पूँछ हिलाता आया मगर खुरखुन के दिल-दिमाग अब भी खौल रहे थे। उसने कुत्ते की ओर देखा तक नहीं।

भोला के बैठकखाने में बजरंग-मंडली के तीन-चार छोकरे रंग जमाए हुए थे। ढोलक ठनक रही थी, झालें खनक रही थीं। मिले स्वरों की हलकी-मीठी तान में फिल्मी पद तैर रहे थे।

खुरखुन ने उन्हें सुनकर भी नहीं सुना। उसके पैर फुर्ती से उठते चले आए।

मधुरी के गौने की तैयारियाँ करीब-करीब हो चुकी थीं।

पाँच रोज बाद, अगले बुधवार को पूर्णिमा के भोर में महफा (डोली) उठनेवाला था। दस्तूर के मुताबिक प्रतिदिन सुर भरकर एक-आध बार रोना भी मधुरी शुरू कर चुकी थी। घर के काम-काज से फारिग होकर जितिया बुआ, मोदनी मामी, सकुंती बहन आ जुटतीं। मंगल की माँ भी। किसी-किसी दिन मंइजा आकर पहले से ही डटी रहती। रोने का यह सिलसिला एक-एक के गले से लग-लगकर घंटा-डेढ़ घंटा तक चला करता। इस आरोह-अवरोहमय सुरीले क्रंदन के माध्यम से मधुरी बताया करती—"ओ जितिया बुआ, अब पुदीना और इमली की चटनी मुझे कौन खिलाएगी-ई-ई-ई-ई !" जवाब में, रोने का ठीक वही सुरीला तरीका अपनाकर मोसम्मात जितिया कहती—"मुझे

अपनी खैनी के लिए सीपियों का चूना बना-बनाकर अब कौन दिया करेगी गे-नू-नू-ऊँ-ऊँ-ऊँ-ऊँ !"

मोदनी मामी गले मिलकर रोती तो रोज यही दुहराती कि अब उसे डोंका का गोश्त कौन खिलाएगी। सकुंती के लिए परिताप का विषय यह था कि मेला-ठेला देखने कौन साथ जाया करेगी। भोला की दादी रो-रोकर कहती कि इतने प्रेम से कौन अब उसके जाँघ-गोड़ चाँपा करेगी...

रंगीन रुलाइयों के ये तरन्नुम बजरंग मंडली के छोकरों के लिए मखौल का मसाला थे लेकिन खुरखुन का तो कलेजा टूक-टूक होता था यह सब सुन-सुनकर।

और इसीलिए वह अपने दरवाज़े से ही वापस लौट चला।

मंगल की माँ के गले लगकर मधुरी रो रही थी-"गे चा आ आ ची ई ई, कै ऐ ऐ से ए ए र अ अ अ अ अ हूं ऊं ऊं ऊं ऊं गी ई ई ई ई मैं ऐं ऐं ऐं ऐं..." कह रही थी ? चाची, तुम सबसे अलहदा होकर मैं कैसे रह सकूँगी ? सूखी रेत पर कबई मछली जिस तरह तड़पा करती है, मैं भी क्या उसी तरह नहीं तड़पूँगी चाची ?

रुलाई में डूबे हुए बेटी के ये शब्द सुनते ही बाप ने आँखें मींच लीं। दाँतों पर दाँत, मसूढ़े पर मसूढ़ा। चेहरा सिकुड़-सिमट गया। सहज श्याम कांति अधिक से अधिक श्यामल हो उठी। पैर मनों भारी हो उठे।

खुरखुन वापस लौट गया।

भीतों का एक घर, एक मड़इया, दो ओर से फूस का घेरा। यही तो हुआ घर-आँगन। अभी काज-परोजन के दिन थे। बाहर से द्वारवाली भीत की पुताई हुई थी, चिकनी-पीली मिट्टी से। द्वार के दोनों तरफ आमने-सामने काले रंग की कच्ची स्याही में किसी ने हाथी आँक दिए थे। शरीर का मुटापा उन चित्रों में उतना नहीं अखरता था जितना कि बेडौल सूँड़। महावत की जगह मूली-गाजर की-सी शकल अंकित थी। प्राइमरी स्कूल में पढ़नेवाला पड़ोस का एक लड़का मसालेवाली मोटी-मोटी पिसी हल्दी में उँगली डुबोकर, अंदर के द्वार की चौखट के माथे पर 'जय हिंद' लिख गया था, इन अक्षरों के बगल में दोनों तरफ मय अशोक-चक्र के तिरंगा खाका अंकित थे—रंग भरने की जगहें खाली छोड़ दी गई थीं।

आँखों में काजल, रँगे हुए तलवे, नीली धारियोंवाली चंपई साड़ी, लाल छींटों की पीली चुनरी...मधुरी खूब खिल रही थी।

मंगल की माँ ने अपने आँचल की खूँट से उसकी आँखों के कोर पहले

पोंछ दिए, अपने आँसुओं को बाद में पोंछा।

मधुरी की माँ ने अंदर से आवाज़ दी—"आई बहिना, भाग मत जाना !"

—आओ भी, मुझे जरा जल्दी है बहिना !

—लो, मैं आ गई।

मिट्टी के बर्तनों की हल्की-मीठी टकराहट बाहर भी सुनाई दे रही थी। मधुरी की माँ हाँड़ियों में जाने क्या कुछ डाल-निकाल रही थी। अगले ही क्षण हाथ झाड़ती हुई बाहर आई। निगाहों के सामने दो-तीन लटें पसीने की बूँदियों में चिपक रही थीं, उन्हें उसने हटा दिया। आँचल से चेहरा पोंछा और बोली—"अबके बैसाख खूब तप रहा है बहिना !"

"जेठ-असाढ़ तो बाकी है अभी बहिनिया !"—मंगल की माँ ने कहा।

डेढ़-दो साल का नन्हा बच्चा जाने कब से पीछा कर रहा था। पलानी की छाँह में चार बातें कर लेने की नीयत से माँ जब बैठ गई तो चुपके से वह भी आया और गोद में लोटने-पोटने लगा।

मधुरी की माँ का यही अब कोरइला था, गोद का बच्चा। बाईं बाँह फैलाकर उसने नन्हे को सीने से सटा लिया तो कब की प्यासी उसकी थूथन माँ का स्तन चभलाने लगी।

बच्चा नंग-धड़ंग था। एक बार उसकी समूची देह पर हाथ फेर लिया तो माँ के दिल को तसल्ली हुई। अब उसने पूछा—"बोलो बहिना, बहू के सील-सुभाव खुले कि नहीं ?"

माँ और चाची को इत्मीनान से बतियाने देना था, मधुरी खिसक चुकी थी। छः-साला लड़की बकरी की सूखी मींगणियों से छक्का-पंजा खेलने का रियाज कर रही थी; कच्चे आम की पतली-लंबी फाँक मुट्ठी में दबाए हुई थी, बीच-बीच में जीभ से छुआकर खटास का चटखारा लेती थी। बाकी बच्चे घर-आँगन से बाहर थे।

बहू के बारे में मधुरी की माँ का सवाल मंगल की माँ को अच्छा ही लगा। अपना हुक्का वह साथ लाई थी। रोते वक्त भीत से टिकाकर अलग रख दिया था। अब उठाकर गुड़गुड़ाया तो पीनेवाली तंबाखू की कच्ची गंध और छोआ की भभक साथ आई।

—टिकिया फिर से गरमा लो बहिनिया !

—हूँ, बहिनिया !

और तब फुलिया की पुकार हुई, उसी छः-साला लड़की की।

मंगल की माँ ने उसे हुक्के पर से उतारकर चिलम थमा दी। इस चिलम से सिकड़ी के सहारे चिमटी भी लगी हुई थी।

सुलगती टिकिया के साथ चिलम वापस आकर हुक्के पर सवार हुई तब चला गुड़-गुड़-गुड़-गुड़-गुड़-गुड़...

जल्दी-जल्दी चार-छै बार दम मारकर मंगल की माँ ने कहा—"बहू तो हमारे घर ऐसी आई है बहिना कि तुझसे क्या बताऊँ ! बड़ी लछमनियाँ है बहिन ! बोलती है तो टहनी हिलती है और हरसिंगार झरते हैं। मुसकाती है तो चानन का लेबा लगाती है ! मंगल का ही नहीं, समूचे परिवार का नसीब जागा है बहिना !..."

मधुरी की माँ की आँखें भर आईं, फड़कते होंठ फैल गए। बड़ी मुश्किल से ये शब्द निकले—"और हमारी सोन-छड़ी को जो सराहती, वही इस धरती पर नहीं रही; चली गई है सरगउली हाट ! ससुर है तो बुढ़वा, ताड़ी पीकर धुत्त बना रहता है ! बहिना, फिकिर के मारे पलकों से नींद उड़ गई है हमारी..."

रो पड़ी मधुरी की माँ।

मंगल की माँ ने हुक्के को फिर पलानी की खंभेली से टिकाकर रख दिया। वह अपने आँचल से बहिनिया के आँसू पोंछने लगी। ढाढ़स के स्वर में कहने लगी—"नाहक मन छोटा करती हो, तुम्हारी बिटिया कोई मामूली लड़की है ? दिल जीतने का जादू जानती है वह तो ?"

गोद का बच्चा थन चूसते-चूसते सो गया था, अब उसके हाथ और होंठ थन से अलग पड़े थे। मधुरी की माँ फिर उसके बदन पर हाथ फेरने लगी।

मंगल की माँ उठ खड़ी हुई तो सिलेबिया आकर तब तक हुक्का सँभाल चुकी थी। वह अपनी माँ को बुलाने ही आई थी।

पाँच

मौसम तो था मगर फसल नहीं थी अबके आमों की।

भोला का पुराना बगीचा इस दफे एक टिकोरा तक नहीं दिखला सका।

हाँ, नई अमराई में तीन-चार पेड़ फरे थे।

कुछ महीने पहले अधिकमास पड़ा था। उस हिसाब से बैसाख का क्या, यह तो जेठ का अंत आ गया था। आम टपकने लगे थे।

नई अमराई में मंगल ने मचान खड़ा कर रखा था। चारों भाई-बहन आम अगोरते थे बारी-बारी से आकर। भोला को शायद ही अवसर मिलता।

यह अमराई गाँव से बिलकुल करीब थी, दच्छिन-पच्छिम की तरफ। दर्म्यान में थोड़े से खेत थे। आजकल उनमें मडुआ के घने साँवले पौधे लहलहा रहे थे।

मंगल कई दिनों से मिलना चाहता था लेकिन मधुरी मौका नहीं दे रही थी। आखिर मंगल ने चुल्हाई की मार्फत संदेशा भेजा—"मैं मानूँगा नहीं, तेरी ससुराल तक धावा करूँगा। ऐसी भी क्या बात है कि मिलेगी ही नहीं..."

फिर जाने क्या सोचकर अमराई में ही मधुरी मंगल से मिलने आई।

शुक्लपक्ष की त्रयोदशी।

पहर रात बीती थी।

आमों के झुरमुट में चितकबरी चाँदनी।

चितकबरी चाँदनी में वह छोटा-सा दुपलिया मचान नहा रहा था।

अचार के लिए दिन में कच्चे आम तोड़े गए थे। साथ टूटकर गिरे हुए पत्तों के चिकने स्पर्श तलवों को गुदगुदा रहे थे। दिल में लेकिन गुदगुदी नहीं, धड़कन थी।

परसों ही तो पूर्णिमा है—मधुरी की आँखों के कोए फैलकर दुगुने हो गए। वह अच्छी तरह जानती थी कि नहीं मिल लेगी तो मंगल ससुराल तक पीछा करेगा।

अमराई के बीचोबीच किसुनभोग का एक छतनार कलमी पेड़ था। घनी टहनियों और चौड़े-बड़े पत्तों से यह चाँदनी को ऊपर ही ऊपर उलझाए हुए था।

संकेत के अनुसार मंगल किसुनभोग के तले खड़ा मिला।

मुलाकात पाँच महीनों पर हो रही थी।

पास आई तो मंगल लपका।

बेताबी से अपनी बलिष्ठ बाँहों में कसकर मधुरी को उसने चूम लिया। फिर चूमा और फिर चूमा।

धौली तेरस की गाढ़ी-दुधिया चाँदनी किसुनभोग की घनी-छतनार डालों के तले आ नहीं पा रही थी किंतु अपनी दमकती परछाईं से अंधकार की गहन कालिमा पर हल्की-हल्की-सी पोची वह अवश्य फेर रही थी।

मंगल का पहला आवेग कुछ शांत हुआ तो मधुरी ने बाहुपाश को आहिस्ते से ढीला कर लिया। बित्ता भर अलग हुई और उसके कंधों पर अपने दोनों हाथ टिका दिए।

चेहरा साफ-साफ दीख नहीं रहा था, मुखमंडल की स्थूल आकृति तरल-स्वच्छ झुटपुटे अंधकार में सामने थी।

मंगल साँस पीकर मुग्ध-विभोर खड़ा था।

हल्की-चिकनी फुसफुसाहट...

—नाराज हो ?

—उहूँ !

—एक बात बताऊँ ?

—कहो।

—मानोगे ?

—ज़रूर !

—नहीं, तुमसे नहीं पार लगेगा।

—कहो भी तो आखिर !

—सच ?

—हाँ, मधुरी, तुम्हारे लिए मंगल क्या नहीं कर सकता ?

कि कहीं एक आम टपका !

इक्के-दुक्के पके आम अब टपकने लगे थे।

मंगल के कंधों से अपने हाथ हटाकर मधुरी बोली—"यह कौन आम टपका है ?"

"और कौन, रोहिणिया होगा,"—उसने निश्चयात्मक समाधान दिया। क्षण भर रुककर पूछा—"ला दूँ ?"

—अँधेरे में अभी कहाँ-कहाँ टोह लेते फिरोगे !

—जहाँ-जहाँ उम्मीद होगी !

पतले अंधकार की हल्की तहें चीरकर दोनों तरफ दंत-पंक्तियाँ जगमगा गईं। अवश्य, दोनों ही मुस्कुरा पड़े थे।

उड़नेवाले दो-एक छोटे कीड़े नाक-कान से छू गए। मंगल को अंग-अंग में सिहरन महसूस हुई। पाँच महीना पहले की वह हेमंती रात सामने

आ गई जब कि इसी तरह निभृत-निर्जन-एकांत-मिलन का अवसर हासिल हुआ था। स्थान यह नहीं, धनहा चौर का अंचल था।

मंगल ने फिर गलबहियाँ दीं।

मधुरी की तरफ से प्रतिरोध तो नहीं, अनासक्ति।

—तो बताया नहीं तुमने ! क्या कह रही थीं ?

—अच्छा, पीछे बताऊँगी ? घरवाली तो खूब पसंद आई ? चलो, अच्छा हुआ !

—लेकिन तुम मुँह फेर लोगी तो मंगल बेलल्ला होकर सूख जाएगा...

मंगल के स्वरों में तरलता थी, बेबसी का अनुनय था।

मधुरी अधिक शांत हो आई और अधिक गंभीर।

उसने हाथ पकड़कर मंगल को बैठा लिया, खुद भी बैठी। किसुनभोग के तले साफ-सूखी ज़मीन इस झीने अंधकार में चकचक कर रही थी।

अकंपित और मधुर आवाज़ में मधुरी ने कहा—"देखो मंगल, मैं तुमसे तीन-चार साल छोटी हूँ। हमने एक-दूसरे पर अपने-अपने प्राण निछावर कर रखे थे लेकिन अब तुम घर की लक्ष्मी का मुखड़ा ध्यान में रमा लो और मुझे भूल जाओ... !"

मंगल चुप था। उसका सिर मधुरी के कंधे से आ लगा। इच्छा तो हुई कि उसे वह अपने कंधे से टिका रहने दे पर अगले ही क्षण मधुरी सँभल गई। सँभली तो फिर मंगल के टिके सिर पर, बालों में उसकी उँगलियाँ सैर करने लगीं। कान में होंठ सटाकर कहा—"मंगल !"

वह अब भी चुप था।

मधुरी की फुसफुसाहट और भी अधिक धीमी हो आई—"मंगल, कभी यह भी सोचा है कि मोरंग की जो सुंदरी सुशीला तरुणी तुम्हारी गृहलक्ष्मी होकर आई है, इसी तरह उसने भी अपने प्रेमी को समझा-बुझा दिया होगा...मुझे भूल जाओ मंगल...!"

उसने मधुरी के कंधे से अपना माथा हटा लिया।

मंगल ने यहाँ तक नहीं सोचा था। उसे मधुरी इतना ज्यादा प्यार करती थी कि इस पहलू पर कभी ध्यान ही नहीं गया मंगल का। अब वह मधुरी से क्या कहे, क्या न कहे।

दिमाग में सत्रह-साला तरुणी का वही प्रफुल्ल मुख बार-बार उभरने लगा, पिछले दो महीने का साधारण सहवास भी जिसकी असाधारणता पर उपेक्षा की राख बिखेर नहीं पाया...भरा-पूरा परिवार, लज्जा-संकोच का कड़ा

से कड़ा पहरा। मिलना-जुलना रात को ही होता। फिर भी वह द्वितीया धीरे-धीरे आकर अब इस प्रथमा के निकट खड़ी थी।

मंगल की बहू अपनी मिठास से मधुरी का भी मन मोह चुकी थी। रत्ती-भर भी ईर्ष्या अब उसके प्रति मधुरी के अंदर नहीं थी।

मंगल जैसा का तैसा गंभीर बना रहा। रोमांस के सारे मनसूबे हवा हो चुके थे। लगता था कि बाईस दिनों के मियादी बुखार ने रग-रग को उबालकर छोड़ दिया है।

मधुरी मंगल का मौन तोड़ना चाहती थी। वह उसका विकट अंतर्द्वन्द्व समझ रही थी। स्वयं क्या कोई कम दुख-दर्द हो रहा था उसे ?

झींगुरों की अविराम झंकार पृष्ठभूमि में शहनाई का काम कर रही थी। रात बढ़ रही थी ! चाँद चढ़ रहा था। माँ से बिछुड़ा हुआ कौए का एक बच्चा कच्ची आवाज़ में काँव-काँव कर उठा तो मधुरी सचेत हुई। पहले मिलन के अवसरों पर अक्सर मंगल बीड़ी सुलगाता, दो कश खींचकर मधुरी को थमा देता। दो कश खींचकर वह फिर मंगल को थमा देती...मगर आज अभी तक बीड़ी नहीं निकली थी। मधुरी को खयाल आया तो चट से कहा—"अच्छा, बीड़ी तो निकालो !"

बिना कुछ कहे मंगल ने बीड़ी निकाली हाफ कमीज़ की पाकिट से। माचिस मचान की पलानी में खुँसी थी, उठ खड़ा हुआ कि जाकर ले आएगा। मधुरी भी उठने लगी तो मना किया—"बैठो, अभी आया।"

ज़रा देर बाद मंगल बीड़ी सुलगाकर ले आया। दो कश खींचकर मधुरी की तरफ बढ़ाता हुआ बोला—"ओफ्फोह, कैसी निठुर हो तुम !"

जवाब में उसने गहरी साँस ली और कश खींची तो इतनी लंबी कि समूची बीड़ी स्वाहा !

अबकी दोनों सटकर नहीं बैठे। बीच में गज भर का फासला था। नब्ज़ की रफ्तार अब सहज ढर्रे पर आ लगी थी, मंगल ने कहा—"अब हम कभी नहीं मिलेंगे !"

मधुरी ने बिजली की फुर्ती से अपना हाथ मंगल के मुँह पर रख दिया, फटकार की मीठी भंगिमा में कहा—"राम राम ! ऐसी भी अशुभ बातें निकाली जाती हैं ! छिः !"

मंगल ने संजीदगी से हटा दिया, बुदबुदाया—"क्या अशुभ, क्या शुभ, सभी बराबर हैं अब..."

मधुरी ने हल्की आवाज़ में कड़ी डाँट बताई—"कैसी नासमझी की बातें

किए जा रहे हो ! देखो मंगल, अब भी तुम होश में नहीं आए तो किसुनभोग के इसी कलमी पेड़ से अपना कपार मैं टकरा लूँगी और लहूलुहान होकर तुम्हारी घरवाली के सामने जा पड़ूँगी। कहूँगी कि भाभी..."

आगे नहीं बोलने दिया गया।

अपने मुँह पर से मंगल की हथेली परे करके मधुरी ने कहा–"देखो मंगल, अब हम छोकरा-छोकरी नहीं रहे ! धूल-मिट्टी के बचकाने खेल काफी खेल चुके। सयाने समझकर माँ-बाप और सास-ससुर ने तुम पर जो ज़िम्मेदारी सौंपी है उससे जी चुराना कायरता होगी। तुम्हें अपनी घरवाली के प्रति वफादार होना है, मुझे अपने घरवाले के प्रति। गाँव-गँवई के हम सीधे-सादे लोग ठहरे। हमारा प्रेमनगर कहीं समाज से अलग या संसार के बाहर आबाद हुआ है ? सुनती हूँ, बड़े आदमी जब और कामों से ऊब उठते हैं तो दिल के टुकड़े इधर-उधर फेंका करते हैं और दसियों घर बर्बाद कर छोड़ते हैं। मैं तुम्हारा घर बर्बाद नहीं करना चाहती मंगल, मैं नहीं चाहती कि एक औरत की सिंदूरी माँग पर कालिख पोतती रहूँ।..."

दोनों उठ खड़े हुए।

मचान के नजदीक आए। हमेशा रोहिणी नक्षत्र में पकनेवाला आम 'रोहिणिया' अपने पेड़ की किसी नाजुक टहनी से फिर एक फल टपका बैठा तो मंगल ने कहा–"रोहिणिया की तरफ से यह तुम्हारे लिए दुआ टपकी है, लेती जाओ !"

साफ-सूखी ज़मीन पर ही टपका था, फिर भी फट नहीं गया था। मंगल ने लाकर थमा दिया तो मधुरी ताजे-पके उस बीजू आम को नाक के पास हिला-हिलाकर सूँघती रही–"वाह ! क्या खुशबू है।"

चलने लगी तो आखिर उसने मंगल की ठुड्डी छू ली और चुमकारकर कहा–"भइयन, मुझे माफ कर देना !"

अमराई के चारों ओर शीशम-महुआ की कतारें थीं। मंगल चुपचाप साथ आया, उत्तरी छोर तक पहुँचाकर लौट गया।

छह

यहाँ से डोली निगाहों से ओझल हो गई, रुलाई की मर्मबेधक आवाज़ें हवा में तैरते-तैरते आकाश के शून्य में समा गईं। औरतें गाँव के छोर तक गई हुई थीं छोड़ने, वे लौट आईं।

रोते-रोते खुरखुन के पपोटे सूज आए थे।

मधुरी की माँ और भोला की दादी का भी यही हाल था। वे भी मधुरी के लिए हद से ज्यादा रोई थीं।

कुछ नहीं, कुछ नहीं, तो भी दो सौ का खर्चा पड़ा।

साड़ियों के छै जोड़े, चार ब्लाउज, पटसन (जूट) की मामूली शाल, चार-छै साधारण गहने, काँसे की थाली और कटोरा, पीतल का लोटा, बिछाने का मोटा-खुरदरा कंबल, बचकानी संदूकची...

अपनी औकात से ज्यादा ही दिया था लड़की को। दूल्हे के लिए धोती-कमीज़ और चद्दर दी थी।

माँ की लालसा थी कि बेटी हँसली पहनकर ससुराल जाय। भोला को अपनी स्त्री से इसकी भनक मिली थी। पचास रुपए की लागत से उसने हँसली बनवाई और मंगल की माँ को लाकर सौंप दी। कहा था—मधुरी हमारी भी बेटी है न !

बिदागरी का महूरत सूरज उगते हीं था।

ट्रेन पर सवार होकर जाना था। डोली तमुड़िया स्टेशन तक ही गई थी। साथ दूल्हा के अलावा, छोटा भाई और रंगलाल गए थे। दूल्हा का चाचा आया तो था लेकिन उसे पड़ोस के गाँव की पुरानी रिश्तेदारी तक पहुँचकर फिर लौटना था।

मधुरी की ससुराल समस्तीपुर से आगे रोसड़ालाइन में अंगारघाट के करीब पड़ती थी।

दुलहिन को शाम तक पति-गृह में प्रवेश करना था।

खुरखुन की खोपड़ी ऐसी बोरसी हो रही थी जिसमें राख ही राख भर गई हो। विषाद का मद्धिम धुआँ दिमाग को बोझिल बना रहा था। कलेजे में अब हूक नहीं उठती थी बल्कि खुश्की का दौर था।

मधुरी की माँ नन्हे को लेकर लेट गई। मंझली लड़की को उसने हिदायत कर दी कि बहनों को खाना खिलाकर खुद भी खा ले, नाहक तंग

न करे अपनी माँ को !

दस ही रोज़ बाद गरोखर में महाजाल डाला जानेवाला था। आजकल उसकी मरम्मत चल रही थी। मलाही में गंगा सहनी का चौपाल इन दिनों बातचीत और काम-काज का अड्डा बन रहा था।

लड़की के गौने की झंझटों से छुटकारा पाकर खुरखुन को भी अब उसी तरफ ध्यान देना था लेकिन इस वक्त बेचारे की चेतना मानो फ्यूज हो रही थी। जी कर रहा था कि लबनी-भर ताड़ी पीकर लेट जाए जाके कहीं, दिन भर लेटा रहे।

गोल-कट निमस्तीन की पाकिट छूकर खुरखुन ने टोह ली...गोल और खुरदुरे किनारोंवाली अठन्नी ! कल देपुरा की दूकान से गरी का तेल लिया था न पाच भर ! रुपया गया और तेल के साथ यही अठन्नी वापस आई थी...

थोड़ी देर वह गढ़पोखर के पूर्वी भिंडे पर गमछा बिछाकर लेटा रहा। साँवली सूरत, सलोना मुखड़ा, बड़ी-बड़ी आँखें...बार-बार बिटिया सामने आकर खड़ी हो जाती ! मीठी-महीन लहरदार आवाज़ बार-बार कानों में गूँज उठती—बब्बू ! ओ बब्बू ! तुम्हारे लिए अलग से मैंने झिंगे तले हैं, उठो बब्बू !.....लगा कि मछलियों की करारी शिकार के बाद थका-माँदा वह लौटा है, निढाल होकर लेट गया है बिना खाए-पिए ही। मलसी में सरसों का तेल गरमाकर लाई है मधुरी। माथा, कपार, गर्दन, कंधे, पीठ, कूल्हे, कमर, जाँघ, गोड़, हाथ-पैर...अंग-अंग की मालिश कर रही है बिटिया; दुहरा-तिहराकर चाँप रही है। थकती नहीं है चाँपते-चाँपते। ढिबरी के मटियाले आलोक में मधुरी के कपार पर पसीने की बूँदियाँ चमकने लगी हैं...बस कर बेटा ! बस कर ! उतर गई थकान तो ! जा, अब तू भी आराम कर बिट्टन ! ...एक बार सतघरा के बनिए की कुछ रकम उधार आई थी, सूद नहीं गया वक्त पर। तकाजे के लिए आदमी आया तो अनाप-शनाप बकने लगा, फिर बिटिया ने बच्चू को वो डाँट पिलाई कि मजा आ गया...

खुरखुन लेटा रहा मगर मधुरी खड़ी रही !

स्मृतियों की अपार भीड़ ने हृदय पर हमला कर रखा था।

ऊबकर आखिर वह उठ खड़ा हुआ।

खुरखुन के पैर सतघरा की ओर बढ़ते गए।

गढ़पोखर से मील-एक उत्तर, सतघरा के इधरवाली छोर पर ताड़ी की दूकान थी।

ताड़ के पत्तों से छाए हुए दो छप्पर। सामने खूब चालू सड़क। सीधी कतार में रखे हुए पाँच-सात घड़े। अलग-अलग नाप की कई घड़ियाँ। ज़रा हटकर चंगेरियों में झिल्ली, कचरी, भूजा, फरही जैसी खाने की चीज़ें।

दिन पहर-डेढ़ पहर चढ़ आया था।

खोई-खोई-सी मुद्रा में खुरखुन सड़क के नीचे उतर आया।

दस कदम पच्छिम हड्डी-तोड़ मशक्कत के शैदाइयों की वह मधुशाला इस समय भी सूनी नहीं थी। ताल-पत्र की आसननुमा चटाइयाँ इधर-उधर बिखरी पड़ी थीं। उन पर छः-सात बंदे डटे हुए थे। दो थे आमने-सामने एक जगह। सम्मुख त्रिकोण—बैठक में तीन विराजमान थे दूसरी जगह। बाकी एक-एक जुदा-जुदा।

छोटी-छोटी घड़ियाँ और सकोरे। ताड़ का टुकड़ा-टुकड़ा पत्ता ? इन्हीं खंडित तालपत्रों पर खाने की वस्तुएँ—झिल्ली, कचरी, भूजा, फरही, मछली, मिर्च।

नए ग्राहक की अगवानी में, खड़ी चटाइयों की आड़ से, एक अधेड़ मुच्छड़ चेहरा गर्दन सहित निकल आया, शरीर के शेष अंग ओझल थे। मुँह के अंदर भात का डबल कौर अभी-अभी ठूँस रखा था। हिलती गर्दन और चकराती पुतलियों के इशारे से आगंतुक को रुकने को कहा उसने, और फिर अदृश्य हो गया।

पीनेवाले अपनी-अपनी मस्ती में थे। उन्हें आए-गए की परवाह नहीं थी। दो तो आपस की ही गाली-गलौज में विभोर हो रहे थे। त्रिमूर्तिवाली गुट अभी चढ़ान पर थी। छठवाँ पियक्कड़ अब तक वहीं उतान लेट चुका था, आखिरी बूँद का मज़ा लेने के अभिनय में खाली सकोरा ऊपरी होंठ और नाकों पर औंधा रखकर जीभ निकाले हुए था।

सातवाँ ?

सातवाँ तो नीरस था !

हाँ, वही अपना नीरस।

घनी-ख़िचड़ी मूँछों पर ताड़ी की गाढ़ी झाग श्यामल मुखमंडल को दर्शनीय बना रही थी। सामने के रिक्त मधुपात्र पर अब मक्खियों का कब्जा था।

पास ही बड़ी गठरी और लाठी पड़ी थी। गठरी के फाँक से जाल बिनने के मोटे-मज़बूत खाकी धागे झाँक रहे थे। सड़क की ओर पीठ फेरकर वह पच्छिम-रुख बैठा था। बाएँ कान पर बायाँ हाथ, दाहिना हाथ आसमान

की तरफ। नाटे कद का तीस-साला नीरस रुआँसी धुन में कमला मैया का गीत गा रहा था।

खुरखुन निकट आया। गौर से उसने नीरस को देखा। आँखें आधी-आधी मुँदी थीं, पुतलियाँ मानो दृष्टि-शून्य...

नीरस की चेतना में इस वक्त सिवाय कमला नदी के और कुछ था ही नहीं। खुरखुन ने उसकी इस मस्ती में खलल डालना उचित नहीं समझा। एक तो वह खुद भी मानसिक उलझनों से ऊबकर ही यहाँ आया हुआ था, दूसरी बात यह भी थी कि कमला मैया को ध्यान में रखकर गाए जानेवाले वे पद खुरखुन को बेहद प्यारे थे।

नीरस अपना झूम-झूमकर गाता रहा और खुरखुन भी आसनी खींचकर वहीं बैठ गया।

ज़रा देर बाद दूकानदार बाहर निकला तो खुरखुन ने आवाज़ दी—दुअन्नी का नाश्ता, छै आने की चउठी (चतुर्थांश) लवनी ताड़ी...जल्दी भइया !

फर्मायश पूरी की गई।

खुरखुन सकोरे में ढाल-ढालकर पीने लगा। नीरस के सुर में सुर मिलाकर हल्के-हल्के गाने भी लगा, बीच-बीच में चबेना भी चलता रहा और सकोरे भी सुड़कता रहा। थोड़ी-सी झिल्ली-कचरी और सकोरा भरके ताड़ी उसने नीरस के भी आगे रख दिया।

नीरस का ध्यान रत्ती-भर भी टूटा कि नहीं टूटा, खुरखुन ने कुछ देर बाद भरा सकोरा उसके दाहिने हाथ में थमा दिया उठकर। पीना तो ठीक मगर नाश्ते में शामिल होने से इनकार कर दिया, ज़ोरों से माथा हिलाकर।

खुरखुन को अब भूख भी महसूस हुई। सामनेवाली भूजा फरही चट कर चुका तो नीरस के लिए अलग की हुई झिल्ली कचरी उड़ाने लगा। भरे हुए मुँह से गीत के पद निकल नहीं पा रहे थे। तो भी वह गाने में साथ दे रहा था...

एकाएक फिर उसे बिटिया याद आ गई...

मधुरी को ताड़ी पीनेवालों पर बड़ी घिन आती थी। छठे-छमाहे भोला या नकछेदी या गंगा के दोस्ताना दबाव में आकर खुरखुन पी-पा आता तो वह बेहद दुखी होती। डेढ़-सवा साल पहले की बात है। माँ गई थी उघरा, कमला मैया के मंडप में मिन्नत-कबूलवाली पूजा चढ़ाने। घर में दो-तीन छोटे बच्चे और यही बाप-बेटी रह गए थे। शाम को बाप ताड़ी पीकर लौटा, नशे

में धुत्त। बुरे लच्छनों का आभास पाकर बेटी घबराई। उसे अकेले छोड़कर रात बिताने अड़ोस-पड़ोस के किसी घर में चली जाती, यह भी तो ठीक नहीं जँचा। गालियों की बौछारें, मार-पीट और हैवानियत के हमलों में नाकामी के बाद सर के बाल पकड़कर ज़मीन पर घसीटना...प्रमत्त पिता के सारे उपद्रव पुत्री ने चुपचाप झेल लिए। बड़ी मुश्किलों में मधुरी की वह रात कटी। नशा उतरने पर खुरखुन जब अपनी सहज-स्वस्थ भूमिका में फिर वापस आया तो रात की बदतमीज़ियों के लिए बेटी से उसने माफी माँगी थी। भीगी आँखों और फड़कते होंठों से बिटिया बोली थी : 'बब्बू, मैं जहर-माहुर खा लूँगी अगर फिर कभी तुमने शाम के वक्त दारू-ताड़ी को हाथ लगाया....' तो बाप अपने आप कान पकड़कर प्रायश्चित के लिए उठने-बैठने लगा था। बेटी ने लपकके हाथ पकड़ लिए थे—'यह तुम अब और क्या कर रहे हो बब्बू !' बाप ने कहा था : 'नहीं बेटी, तेरे सामने कान पकड़कर इस तरह दस बार बैठूँगा-उठूँगा तभी जी हल्का होगा।' और, तब से फिर कभी खुरखुन ने शाम को दारू-ताड़ी में हाथ नहीं लगाया...आज भी वह खुश था कि दिन दुपहर से पहले ही पी रहा है।

नीरस अब भी गाए जा रहा था, वही कमला मैया का गीत ! पद तो गीत के चौदह ही थे लेकिन नीरस उन्हें बार-बार गाए जा रहा था।

दिमाग पर ताड़ी अपना असर डालने जा रही थी कि चेतना ने सुझाया, नाभि से नीचे धोती की अंटी में रुपए की लाल-मैली नोट अब भी पड़ी है। बस, फिर क्या था ! नोट निकालकर खुरखुन ने दाहिने हाथ की दो बिचली उँगलियों में उसे लपेट लिया और खूब जोर से ठहाका लगाया। अगले ही क्षण नोटवाला हाथ ऊपर को घुमाता हुआ वह चिल्लाने लगा—

"पी ले, पिला दे !
मरों को जिला दे !
दिलों को मिला दे
अँगुरिया हिला ले
चुनरिया सिला ले
नजरिया मिला ले
कि पी ले, पिला दे
मरों को जिला दे..."

अनुभवी कलाल दूकान से यह सब देख-सुन रहा था। वह उठा और आहिस्ते-आहिस्ते खुरखुन के पास आया। उसकी उँगलियों में मैली-पुरानी

लाल नोट अब भी लिपटी पड़ी थी। ताड़ीवाले ने नोट ले ली। इतना भी नहीं पूछा कि कितनी ताड़ी चाहिए ! थोड़ी देर बाद खुरखुन के नज़दीक वह लवनी-भर ताड़ी रख गया, ढाई-तीन सेर से कम तो क्या होगी ! हौले-हौले पीते रहने के लिए काफी माल था, पहर-डेढ़ पहर तक अब मौज ही मौज थी।

खुरखुन बैठने की आसननुमा अपनी चटाई और ताड़ी-भरी लबनी उठाकर लिए आया, नीरस से सटकर बैठ गया। उसका भी सक़ोरा भरा, अपना भी।

अब यह उनके मधु-पान की दूसरी और मुकम्मिल दौर थी।

दोनों ने साथ पीना और गाना फिर शुरू कर दिया : वही अपना प्रिय गीत, कमला-मैया का वंदना-गीत...

"ओ कोयला-देवता,
कमला-नदी के बीचोबीच
तैयार हो गया है बाँध !
तुमने उस बाँध पर फुलवाड़ी लगा दी है !
अजी, किस फूल की ओढ़ती है ओढ़नी ?
किस फूल का बनाती है परिधान कमला मैया ?
और बिछावन होता है किस रंग के फूल का ?
अजी, वह बेला ओढ़ती है, पहनती है चमेली
बिछाती है अड़हुल के फूल !!
अजी, कौन-सा फूल वह जूड़े में बाँधती है ?
कौन-से फूल होते हैं मैया का हार ?
अजी, जूड़े में बाँधती है मधुरी का फूल !
हार होता है खिले कमलों का !
अजी किस पर सवार होकर जाएगी मैया ?
जाएगी किस पर चढ़कर ?
बहाएगी किस तरफ अपनी धारा ?
हंस पर चढ़कर आएगी कमला मैया !
होकर मगर पर सवार चली जाएगी !
तिरहुत (मिथिला) की तरफ बहाएगी धारा !"

सात

रात का खाना खाकर सत्तर-अस्सी जने गरोखर के दच्छिनी मोहार पर इकट्ठे हुए।

महाजाल बैलगाड़ी पर लदकर गंगासहनी के यहाँ से आ चुका था। उसका वजन दस मन भारी था। चौड़ाई में पंद्रह गज और लंबाई में पाँच सौ फीट। बिनावट मजबूत और धागे बटे हुए। गाँठ दो-दो इंच के फासले पर।

तीस साल पुराना था, बीच-बीच में मरम्मत होती रहती थी। रफू करते वक्त नई किस्म की सूती सुतरियाँ लगाई जाती थीं, बाज़ार में जब जो किस्म मिल गई उठा लाए। अबके भी मरम्मत हुई थी, नीरस को दरभंगा भेजकर धागे मँगवाए गए थे। बाँट-बूँटकर उन्हीं धागों से रफू का काम हुआ था।

भोला, गंगा, नकछेदी, खुरखुन आदि सभी थे।

मोहन माँझी भी बाहर नहीं था। गाँव-घर में ही मौजूद था।

जेठ तीन-चार दिन बीता था। बैसाख के आरंभ में आँधी आई थी, साथ हस्ब-मामूल बूँदाबाँदी भी। इधर तो गर्मी खूब पड़ रही थी। गढ़पोखर में फिर भी पंद्रह-सोलह फुट पानी था।

महाजाल दक्खिन की तरफ से किनारे-किनारे फैला दिया गया। बीच में दो डोंगियाँ, पाँच घट-नई (घटनौका), केलों के आठ-दस थंभ हेला दिए गए। महाजाल का एक छोर पूरब की ओर था, दूसरा छोर पच्छिम की ओर।

छोरवाले रस्से बाँहों में और कमर में उलझाकर मछुए महाजाल को उत्तर की दिशा में खींचने लगे।

नीचे लोहे की गोटियाँ उसे पानी के अंदर तले से लगाए हुए थीं और तूंबियों का दबाव ऊपर टाने हुए था। घटनइयों, नावों और थंभों पर सवार दस-बारह जने महाजाल के साथ बीचोबीच चल रहे थे।

खुरखुन, रंगलाल, नीरस, मंगल, चुल्हाई वगैरह पूर्वी छोर खींच रहे थे। बिसुनी, भोकर, नौबत, छीतन आदि पच्छिमी छोर।

तमाशा देखने के लिए लड़के और स्त्रियाँ किनारे-किनारे आ उठी थीं। रात का वक्त था। काले पाख की चौथी तिथि अपना अँधेरा चीरकर अब उजाले में आ गई थी। महाजाल रोज तो पानी में आता नहीं, साल में एक-आध बार। बस।

स्कूल के अहाते में आग जला दी गई थी। कंडों, मींगड़ियों और सूखी सेंवारों की आग। छोटी उम्र के लड़के और लड़कियाँ तमाशा देखने आकर अब स्कूली चटाइयों पर लेट गए थे। गोनड़ उन्हें कहानी सुना रहा था। समुद्री मत्स्य-कन्याओं की आकाशी उड़ान के बारे में सुनते-सुनते बच्चों की पलकें झिपती आ रही थीं। भीत के आले में दस-बारह बंडलें बीड़ियों की एक छोटी-सी चंगेरी के अंदर रखी थीं; तंबाखू के सूखे पत्ते और चूना भी।

बच्चे सो गए तो गोनड़ आहिस्ते से उठा और सुर्ती थूककर नीचे कछारों में उतर आया।

महाजाल को खींचकर काफी दूर ले जा चुके थे। रह-रहकर खाली गलों की सीटियाँ और पानी-भरे मुँहों की भारी गलगलाहटें निशा की नीरवता को झकझोर देती थीं। बीच-बीच में बड़ी मछलियों के कूदने-फाँदने की आवाज़ें उठती थीं।

गोनड़ करीब पहुँचा तो धोती की खूँट-बँधी सुर्ती को खोलता हुआ बोला—"अरे, कौन-कौन सुर्ती खाएगा ?"

—चाचा, मैं !

—बाबा, मैं !

—दादा, मैं !

—मामा, मैं !

—नाना, मैं !

—भाई, मैं भी !

सुर्ती के दसियों खवैया...गोनड़ हँसने लगा। बोला—"और बीड़ी नहीं कोई पियोगे ? सबके सब सुर्ती ही फाँकोगे ?"

चुल्हाई और मंगल की आवाज़ साथ-साथ आई—"सुलगाकर लेते भी तो आते !"

खुरखुन ने डाँट पिलाई—"ऐसे पीनेवाले हो तो माचिस रखा करो ! थोड़ी देर सब्र करेंगे सो तो न होगा, बस बीड़ी का नाम सुनते ही लार टपकने लगी..."

—उइ हुइ !

—भक् !

—क्या हुआ रे ?

—पैर कट गया बाबा !

यह चुल्हाई की आवाज़ थी। वह गले तक पानी के अंदर था।

अब डुबकियाँ लगाकर चुल्हाई ने उस जगह की टोह ली। पहली दफे मुट्ठी में सिर्फ पाँक आया। दूसरी दफे बिना बेंट की छोटी-सी खुर्पी। खुर्पी उसने कछारों में फेंक दी।

—साली ! कहाँ से आ गई यहाँ ?

—बाढ़ में आई होगी या किसी छोकरे ने फेंकी होगी...

चुल्हाई पानी से निकल आया।

गोनड़ ने अंदर पानी में धँसकर सात-आठ हाथों में सुर्ती थमाई और स्वयं महाजाल की मोटी किनारी में बाँह उलझाकर खींचने लगा। खुरखुन ने कहा—"काका, तुम तो नाहक ही आए !"

"नाहक ?" गोनड़ की प्रश्नपूर्ण आँखें फैल गईं। परिवारवालों ने इस बुढ़ापे में बेचारे को अलग कर दिया था। अब वह इलाके भर की पोखरों-तलइयों में छोटी मछलियों का शिकार करता फिरता था। घुमाकर पानी में फेंका जानेवाला हल्का जाल, टापी, गोल टोकरी और भेंगा (बहिंगा) ही उसके साथी थे। भोला बार-बार कहता रहता, क्या ज़रूरत है भटकने की ? बैठकखाने में पड़े रहो बाबा !...मगर गोनड़ से रहा नहीं जाता।

...टाँगों के बीच से दो-ढाई सेर की वज़न की एक चिकनी मछली पीछे की ओर निकल भागी तो नीरस चीखा—सुसरी कहीं की !

चुल्हाई ने पहने हुए अँगोछे में से दो इंच का एक लीरा निकाला, तलवे के घाव को कसकर बाँध लिया और साथियों में वापस आ गया।

महाजाल अब बीचोबीच आ चुका था।

बड़ी मछलियों का उछलना-कूदना बढ़ गया था।

चारों तरफ से घेरा डालकर जंगल में जब शिकार के वक्त हाँका पड़ता है तब घिरे हुए जानवरों का जो हाल होता है, गढ़पोखर की मछलियों का भी इस समय वही हाल था। परेशान मछलियाँ पानी से छलाँग लगाकर फिर वहीं पानी पर आ गिरतीं। आवाज़ से लगता कि धोबी का जवान छोकरा चौड़े पाट पर दस गजी धोती पछीट रहा है। कूदती मछलियों की चिकनी-रुपहली सूरत चाँदनी की कीमत कूत रही थी या उसे चिढ़ा रही थी, बताना कठिन है।

भोला और गंगा पहले से ही नाव पर थे। अब मोहन माँझी भी उनके साथ था। जहाज़ी कंपनी में जो दो नौजवान खलासी की ड्यूटी पर थे उनमें से एक छुट्टी पर आया हुआ था। घटनई पर समूचे बदन का बोझ डालकर तैरने का अपना पुराना शौक वह भी इसी वक्त पूरा किए ले रहा था। केले

के थंभ पहले तो रहने दिए गए, पीछे उन्हें हटा दिया गया।

गंगा सहनी की उम्र, तीस के लगभग थी। कंजी आँखोंवाला गेहुआँ सूरत का नाटा अधेड़। बाल भूरे थे। मस्ती में होता तो गुनगुनाते रहना स्वभाव था। अभी भी वह अपनी जाति के महान् पूर्वज सेनापति जयसिंह का चरित गुनगुना रहा था।

उसके कंधे में अपनी केहुनी छुआकर मोहन माँझी ने कहा—"अरे, कुछ हमें भी तो सुना भई !"

भोला ने माँझी का समर्थन किया—"हाँ जी गंगा, रहे जरा ! मुँह ने गाया और अपने ही कानों ने उसका सारा रस ले लिया...यह तो भारी स्वारथ हुआ न ?"

बाएँ हाथ का पंजा बाएँ कान पर रखकर गंगा ने दाहिने हाथ को सामने फैला दिया और ऊँचे स्वर में गाने लगा :

"बउआ, खइयउ ने !
आव ने खइयउ बउआ जै सिङ् मोतीचूर मिठाइ हओ !...
बबुआ, खाओ ! खाओ न !
अब तो खाओ बबुआ जै सिङ् मोतीचूर-मिठाई, ओ !
बबुआ, पियो ! पियो न !
अब तो पियो प्यारे जै सिङ् गंगा का निर्मल नीर; ओ !
बबुआ, चाबो ? चाबो न !
अब तो चाबो दुलारे जै सिंङ्, पीले-पके पान का बीड़ा; ओ !
माँ, नहीं खाता मैं मोतीचूर के तुम्हारे ये लड्डू
पियूँगा नहीं गंगा का निर्मल नीर
ओ सिंहिनी माता, नहीं चाबूँगा पीले-पके पान का बीड़ा
नहीं रहूँगा तेरे तट पर, मैनी-मंडप में
भाग जाऊँगा लालपुर
लालपुर में रोती है जसमती, मेरी बहन
भाग जाऊँगा मैं दूर, बहुत दूर !
स्नेह की डोरी, कच्चे धागोंवाली
बाँधूँगा इसी से बहन को
नहीं रहना मुझे तेरे मंडप में..."

उधर महाजाल के पूर्वी और पच्छिमी छोरों को जितने भी मछुए खींच ले चल रहे थे, बीच की इन कड़ियों पर सभी ने जोर मारा कि—

"भाग जाऊँगा मैं दूर, बहुत दूर
स्नेह की डोरी, कच्चे धागोंवाली
बाँधूँगा इसी से अपनी बहन को..."

जयसिंह और रन्नू सरदार के ये गीत देर तक चलते रहे, शुरू जेठ की रात का वह स्वच्छ आकाश गंगा सहनी के सुरीले अलापों से गूँजता रहा।

महाजाल अब उत्तरी कछारों के करीब आ लगा था।

डोंगियाँ पहले ही किनारे कर ली गईं। घटनइयों को बाहर निकाल लिया गया। झुटपुटी चाँदनी में महाजाल की तूँबियाँ ही तूँबिया अब पानी पर नज़र आ रही थीं। मछलियों की उछल-कूद अलबत्ता बढ़ गई थी।

उत्तर तरफ कछारों में घासें और सूखी-सड़ी सेवारें काफी थीं, उन्हें हटाकर कुदालों से उधर की सर-ज़मीन को ही ठीक करके रख ली गई थी।

मछलियों को लिए-दिए महाजाल पानी के किनारे पहुँच रहा था। उसके दोनों छोर सिमटकर करीब आ रहे थे। मछुए अब आख़िरी दफे मानो दस गुना जोर लगा रहे थे। काम खत्म पर था, इसी से समूह की वह विराट श्रम-शक्ति आशा और उमंग की उद्दीप्त स्वर-लहरी में वजनी शब्दों के विजयसूचक गोले दागने लगी :

—ऊपर टान,
—हुइ यो !
—बाएँ दबके,
—हुइ यो !
—ढील रस्सा
—हुइ यो !

एक तरफ खुरखुन अगुआ था, दूसरी तरफ टुन्नी। दोनों अगुआ अपनी-अपनी तरफ आवाज़ का गोला दागते। दोनों तरफ के बाकी साथी 'हुइ यो' के जवाबी नारे लगाकर स्वर तोड़ते और महाजाल कछारों की ओर बढ़ता जाता :

—झाड़मझाड़,
—हुइ यो !...
—पीछे हटके...
—हुइ यो !
—झट झटक,...
—हुइ यो !

—पैर पटक,
—हुइ यो !
—साबित ख्याल,
—हुइ यो !
—जाल सँभाल,
—हुइ यो !
—हो ो ो ो शि या ा ा ा र...
—हो ो ो ो शि या ा ा ा र...

महाजाल का बिचला हिस्सा कमर भर पानी में आ पहुँचा, दोनों छोर उत्तरी किनारे पर यों आ लगे कि बीच का जल-स्थलवाला अंश उस बड़े जाल के अंदर पंचमी के बंकिमचंद्र का मध्यवर्ती भाग-सा दीख रहा था। उतने थोड़े पानी में बड़ी-मझोली मछलियाँ सैकड़ों की तादाद में जगमगा उठीं। उस जगमगाहट की तरफ नज़र गई तो मछुओं के स्वर में और जोश भर आया :

—रेहू ब्वारी;
—हुइ यो !
—मोदनी भुन्ना,
—हुइ यो !
—नैनी भाकुर,
—हुइ यो !
—उजला सोना,
—हुइ यो !
—लाल चाँदी,
—हुइ यो !
—गंगा मइया,
—हुइ यो !
—कमला मइया,
—हुइ यो !
—कोसी मइया,
—हुइ यो !
—भारथ माता,
—हुइ यो !
—गान्ही बाबा,

—हुइ यो !
—बाह गरोखर,
—हुइ यो !
—बाह बहादुर,
—हुइ यो !
—पसीना पों ो ो ो छ्...
—पसीना पोंछा !!

रात थोड़ी ही रह गई थी। भुरुगवा निकल आया था। चुह-चुहिया की महीन-मीठी आवाज़ निशा-शेष की स्पष्ट सूचना थी।

गढ़पोखर की उत्तरी कछारों में उल्लास मुखरित हो रहा था। मछलियाँ रखने के बड़े-बड़े खोंगे (खोंचे) कतारों में रखे थे। छोटी टोकरियाँ भउका, भउकी, डाली—तो घर-घर से आई थीं और इनका ढेर लगा हुआ था।

भोला, खुरखुन, गंगा, नकछेदी, भोकर आदि ने सारी मछलियाँ ऊपर निकाल लीं। पाँच सेर से कम वजनवाली बच्चा-मछलियों को उन्होंने वहीं पानी में डलवा दिया।

बड़ी मछलियों की तादाद और किस्में इस प्रकार थीं :

रेहू एक सौ पैंतीस। बुआरी नब्बे। भाकुर बहत्तर। मोदनी पंद्रह। भुन्ना आठ। नैनी पैंतालीस।

माल का वजन दो सौ मन से कम नहीं रहा होगा।

लाल-लाल मुँहवाले रेहू अपनी रुपहली और सुरमई छिलकों में खूब ही फब रहे थे। दाँत नहीं, जीभ नहीं, जबड़े भी अलक्षित थे। गोल-मोल खुला-खुला मुखड़ा ऐसा लगता कि पेट तक खोली ही खोली होगी। इंद्र-धनुषी सूरत, एक-एक बेहद नुकीली मूँछें और लंबी-छरहरी डील की अपनी खूबियों से बुआरी मछलियाँ सबको आकर्षित कर रही थीं। मटमैली-चिकनी सूरतवाले भाकुरों की शान निराली ही थी। चिकनी-चपटी रुपहली मोदनी पर तो निगाहें टिकती ही नहीं थीं। भुन्ना का भी यही हाल था। नैनी रेहू का ही सगा लगता था, आकार-प्रकार में मिलने पर भी वजन में कम।

सौ-सवा सौ छोटे-बड़े कछुए भी फँसे थे।

ओखली, हाँड़ियाँ, घड़े, लोहे की कड़ाहियाँ, आदमियों और मवेशियों के कंकाल, लोहे की दो कुर्सियाँ, बाल्टी, लोटे, खिलौने की एक मोटर, काजल और सिंदूर की डिब्बिया, सड़े कपड़ों की लुग्दियाँ, चाँदी की एक हँसली, और दूसरी भी कई चीज़ें...महाजाल खींच लाया था। बाढ़ के रेले इन्हें

गढ़पोखर के पेट तक पहुँचा गए थे। मलाही-गोंढ़ियारी के छोकरे और छोकरियाँ अगले दिन का सारा वक्त गरोखर के अंदर से निकाला हुआ कूड़ा-कचरा और कीचड़-पाँक टोहियाते रहे थे। कुछ न कुछ तो उन्हें इससे मिलना ही था।

मछलियों और तालमखानों का बड़ा व्यापारी रोसड़ा-निवासी-रामफल मुखिया खुद तो नहीं पहुँच सका था लेकिन उसका भाई वक्त पर आ गया था। मुखिया अपना माल मुजफ्फरपुर-पटना नहीं सीधे हावड़ा भेजता था। एक आदमी उसका सिमरिया घाट और मुकामा घाट के बीच तैनात था, दूसरा झाझा और आसनसोल के बीच। तीसरा हावड़ा में मुस्तैद रहता। छोटी लाइनवाली पूर्वोत्तर रेलवे की ट्रेन से माल उतरवाकर जहाज़ पर लदवाना, जहाज़ से उतरवाकर उस पार फिर माल को पूर्वी रेलवे की बड़ी लाइनवाली डाकगाड़ी के हवाले करना पहले का काम था। दूसरा झाझा से आसनसोल बल्कि बर्दवान तक माल की चौकसी रखता। तीसरा हावड़ा जंक्शन में ट्रेन पहुँचते ही अपना माल उतरवा लेता और कलकत्ते के मछली-सौदागरों के हाथ थोक भाव में बेच देता। दरभंगा-समस्तीपुर से लेकर हावड़ा तक माल को ताबड़तोड़ पहुँचने में सोलह घंटे हो जाते थे। बीच में तीन जगहों पर उतारना-चढ़ाना पड़ता था। कहीं ज़रा भी गफलत हुई कि माल मिट्टी हुआ ! सड़ी-गली मछलियों का भला क्या मोल ?

दरभंगा के मारवाड़ी मित्र से ट्रक लेकर मुखिया का भाई आया हुआ था। उसे बस इसी बात की फिक्र थी कि नौ बजे तक माल दरभंगा स्टेशन ज़रूर पहुँच जाए।

भोला, नकछेदी और गंगा माल का सौदा कर चुके थे। बारह हज़ार की रकम—270 मन बड़ी मछलियों का दाम—हाथ आ चुकी थी। मछलियों से भरे खाँचे ट्रक पर लादे जा रहे थे कि जीप की कर्कश आवाज़ सुनाई पड़ी।

जीप दक्खिन-पच्छिम से आनेवाली सड़क पर थी। उड़ती हुई धूल और गहरी घड़घड़ाहटों से यह अच्छी तरह जाहिर था कि आरोही शीघ्रातिशीघ्र आ धमकेंगे।

मछुओं का जी अंदेशा से व्याकुल हो उठा। शंका तो थी ही कि सतघरावाले बाबू साहब इस अवसर पर कुछ न कुछ उत्पात अवश्य मचाएँगे। निषाद महासभा के लीडर फुलेनाप्रसाद माँझी को भी उन्होंने भीतर-ही-भीतर मिला रखा था। उसका भांजा इसी मलाही-गाँव का रहनेवाला था। मामा के

इशारे मिलते रहते थे। वह अपनी जमात के सारे भेद देपुरा और सतघरा पहुँचा आता था।

जीप स्कूल के सामने आकर रुक गई।

अंचलाधिकारी, दारोगा, पुलिस के दो जवान, अंचलाधिकारी का अरदली और ड्राइवर। छहो उतरे।

दारोगा पुलिस-इंस्पेक्टर की अपनी लिबास में। अंचलाधिकारी सिविल-आफिसर के अपने युनिफार्म में। दोनों के माथे टोपों की छाजन। हाफ पैंट, हाफ शर्ट, कुल खाकी, पगड़ी मात्र लाल जो कि जवानों के सिरों पर काफी भड़कदार लग रही थी। लाल नाखूनी किनारियोंवाली सफेद अचकन, पायजामा, कमर में लाल पट्टे की पीतलवाली चपरास, लाल चौड़ी पगड़ी ...यह भूमिका थी अर्दली की।

सुबह की किरणें फूट चुकी थीं। ग्रीष्म का मीठा सुनहला प्रभात गढ़पोखर को नहला रहा था। सिंचाई से उगाए मडुआ के पौधे कछारों में लहलहा रहे थे। महाजाल की किनारियों में कसे लोहे के गोटे और उनकी जगमगाहट उत्तरी कछारों में धूप को और अधिक आकर्षक बना रहे थे। बजरंग मंडली का अखाड़ा अभी तक सोया पड़ा था क्योंकि पूरी की पूरी मंडली आज महाजाल खींचने में जुटी हुई थी।

अधिकारियों के आ पहुँचने की भनक पाते ही बस्ती का चौकीदार ढोंढ़ाइ खुनौत मछली-मेला का मैदान छोड़कर घर की तरफ खिसका और फौरन लौट भी आया, नीली कमीज और नीला साफा और गँड़ासा...अब वह भी सरकारी युनिफार्म में था।

भोला, गंगा और मोहन माँझी ने जीप रुकते देखी तभी स्कूल की ओर आने लगे। दो हैटवालों को और लट्ठधारी लाल पग्गड़वालों को देखते ही उन्हें निश्चय हो गया कि सतघरावाले ज़मीदारों की यह करतूत है।

मोहन माँझी ने कहा—"भोला, घबड़ाने की कोई बात नहीं। देपुरा के ज़मींदारों ने बंदोबस्ती का जो पट्टा तुम्हें लिखकर दिया था, वह कागज़ घर से लेते आओ ! हम आगे चलकर अफसरों से बातें करते हैं। जाओ..."

भोला को घर भेजकर मोहन और गंगा स्कूल के अहाते में आए।

आमने-सामने हुए तो सलाम-बंदगी हुई। दारोगा ने पहले ही अंचलाधिकारी को बता दिया था मोहन माँझी के बारे में।

भोला के बैठकखाने से एक धराऊ कुर्सी और एक स्टूल आ गए।

कुर्सी पर अंचलाधिकारी, स्टूल पर दारोगा।

चुपके से आकर सतघरा के दो बाबू अफसरों के पीछे खड़े थे।

दारोगा ने गंगा सहनी को अलग ले जाकर जाने क्या बातें कीं।

अंचलाधिकारी नया-नया आया था और यादव-बिरादरी का था। 'छोटी जात'वालों के प्रति उसमें हमदर्दी की भावनाएँ थीं। पुलिस-इन्स्पेक्टर पुराने जमाने का मुछंदर राजपूत था।

युवक अंचलाधिकारी अपने को अधिक देर तक ज़ब्त नहीं रख पाया। वह मोहन माँझी से देश की मौजूदा रीति-नीति पर बातें करने लगा। हाल ही आंध्र में चुनाव के नतीजे निकले थे, कांग्रेस ने शानदार जीत हासिल की थी और अब नेहरू को रूस के विधाताओं ने आग्रहपूर्वक अपना देश देख जाने का आमंत्रण भेजा था...

अंचलाधिकारी नेहरू की परराष्ट्रनीति का पूरा समर्थक जान पड़ा तो मोहन माँझी को अंदर ही अंदर बड़ी खुशी हुई। उसे लगा कि हो न हो, यह अफसर अन्याय का पक्ष नहीं लेगा।

'अंचलाधिकारी' पद की यह सृष्टि बिहार के उत्तरी इलाकों में नई-नई ही हुई थी। दारोगा से ऊपर और सब-डिविजनल आफिसर (एस.डी.ओ.) से नीचे। इन्हें डिप्टी मजिस्ट्रेट की-सी क्षमता मिली थी। दारोगा की मनमानी पर ब्रेक कसनेवाला एक अफसर तो अब गाँववालों के लिए सुलभ था।

थोड़ी देर बाद गंगा सहनी इशारे से मोहन माँझी को एक तरफ हटा ले गया और बोला—"दारोगा डरा-धमका रहा था। कह रहा था, दफा 144 लगाकर तमाम मछलियाँ वह अपनी हिरासत में ले लेगा।"

भौंहों में तनाव आ गया, पलकों में स्पंदन भर आए और निगाहों के कोए फैल-फैल उठे। मोहन माँझी के मुँह से तीर की तरह छूटा—"रकम ऐंठना चाहता है सूअर !"

पैरों की तरफ ज़मीन में नज़रें गड़ाए जैसे का तैसा खड़ा रहा गंगा सहनी। सामने इस वक्त दूसरी कोई वस्तु नहीं थी, था तो बस मछलियों का ढेर ! दो सौ पाँच मन, पाव ऊपर तीन पन्सेरी...दारोगा ने भाँजी मार दी है और सारा माल सड़-गलकर कूड़ा-कचरा हो गया है...सतघरावाले बाबू लोग मछुओं की फूटी किस्मत पर फूले नहीं समा रहे हैं...गढ़पोखर की नए सिरे से बंदोबस्ती सिंगिया निवासी माँझियों के हाथों हो चुकी है...समूचा गरोखर अब तालमखाना की कँटीली फसलों से आबाद है...मलाही-गोंढ़ियारी के लोग इस तालाब से चुल्लू भर पानी भी नहीं ले सकते...फिक्र के बीसियों बुलबुले गंगा के मन में छूटने और फूटने लगे। होंठों पर मानो किसी ने ताला जड़

दिया, बोला ही नहीं गया फिर कुछ !

गंगा को घुटते-चुरते जानकर मोहन माँझी ने उसकी पीठ पर अपना हाथ रखा, गर्दन लंबी करके आँखों में आँखें डाल दीं और कहा—"मजाल है ? कोई रोके तो भला हमारा माल !"

भोला बंदोबस्ती का कागज ले आया था।

मोहन माँझी ने भोला से लेकर वह कागज अंचलाधिकारी साहब को थमा दिया। देपुरा के मैथिल ज़मीदार ने अपनी बहुआसिन (बहू) डमरूप्रिया बहुरिया की तरफ से कैथी लिपि में गढ़पोखर की बंदोबस्ती का यह पट्टा लिखवाके दिया था—नकद पाँच हज़ार रुपए लिए थे, मियाद दर्ज करवाई थी दो वर्षों की (फसली सन् 1360 और 1361 सालों की)...असामियों की जगह उसमें तीन नाम थे : भोला सहनी, गंगा सहनी और नकछेदी जलुआ। नीचे बहुआसिन साहिबा का हस्ताक्षर था।

अंचलाधिकारी ने दो-तीन बार उस दस्तावेज़ को देखा और पुलिस-इन्स्पेक्टर से केस की फाइल ले ली।

सतघरा के जो बाबू अब तक यों ही खड़े थे, उनमें से एक फाइल पर झुक आया।

कपार से साँसें टकराईं तो अंचलाधिकारी ने गर्दन उठाकर अरुचिपूर्वक उसके चेहरे पर एक नज़र मार ली। दारोगा ने कान से होंठ सटाकर कहा—"सतघरा के ज़मीदार के भगिना (भांजा) बाबू हैं आप; आपको फोटोग्राफी का भारी शौक है सर ! बैडमिंटन के चैंपियन हैं और वकालत तक पढ़े हैं..."

"और शिकार की हॉबी ?"—व्यंग्य की हल्की-चरपरी चाशनी और चंद नपे-तुले शब्द। साहब ने दारोगा के होंठों को अपने हाथ की दीवार से परे कर दिया।

ज़मींदार के भगिना बाबू का चेहरा फक हो गया।

पुराने खुर्राट पुलिस-इंस्पेक्टर ने भी अपनी भूल महसूस की; मगर निर्लज्जता मौके पर काम आ गई, चेहरे का रंग पल-भर के लिए उड़कर उखड़ नहीं सका।

कागजात साफ बतला रहे थे कि पुश्त-दर-पुश्त गढ़पोखर से मछलियाँ निकालने का हक मलाही-गोंढ़ियारी के मछुओं का चला आया है। मालिक बदलता रहा है लेकिन असामी कभी नहीं बदले हैं।

अंचलाधिकारी ने अपनी आफिसियल डायरी में अंग्रेज़ी माध्यम से

जल्दी-जल्दी कुछ बातें नोट कीं। डायरी पाकेट के हवाले करके कुछ क्षणों तक वह गढ़पोखर के श्याम-सलिल सपाट वक्ष की ओर विमुग्ध नेत्रों से देखता रहा।

फिर चुपचाप चलकर स्कूल के अहाते से उतर आया।

जीप के निकट पहुँचकर हैट फिर उसने माथे पर ले लिया। साथ आए स्टाफ के अपने आदमी भी और बीसों की तादाद में ग्रामीण भी आजू-बाजू और पीछे-पीछे थे।

पीछे मुड़कर अंचलाधिकारी ने अपने को भोला के सामने कर लिया और शांत-शिष्ट स्वर में बोला—"माफ कीजिए सहनीजी, हमें असलियत का पता नहीं था।"

"हजूर !"—बदले में भोला ने तीन ही अक्षर कहे।

—ड्राइवर !

—जी, साहब !

—वापस चलना है।

—अच्छा साहब !

अंचलाधिकारी ड्राइवर की पासवाली स्वतंत्र सीट पर बैठ गया। बाकी सब पीछे लद गए।

जीप स्टार्ट हुई और चल पड़ी। फिर दौड़ने लगी तो मिनटों में ओझल।

पेट्रोल की तीखी-तीखी अजीब-सी बू खोपड़ी की रग-रग को भफाने लगी तो खुरखुन, रंगलाल, नीरस आदि प्रायः सभी ने अपनी-अपनी हथेली नाकों से लगा ली, मछलियों की ताजी-गहरी गंध को उन्होंने महसूस किया।

रामफल मुखिया का भाई बेहद घबड़ा गया था। उसे अंदेशा था कि मछलियाँ अगर रोक ली गईं तो बड़ा बुरा होगा। नकद बारह हज़ार की इस लागत से कम पाँच हज़ार का मुनाफा तो निश्चित था ही।

अब अंचलाधिकारी और पुलिस-पार्टी के लौट जाने से उसे भी तसल्ली हुई।

आठ

भोला के खेतों से आखिरी खेवे की मूँग की फलियाँ टूटकर घर पहुँचीं कि बाढ़ का पानी धनहा चौर को डुबोने लगा। इस बार नदियों में रेले ज़रा देर से आए, नहीं तो बाढ़ का पहला दौर जेठ की पूर्णिमा तक आ जाता था।

असाढ़ का अंत था यह। मडुआ (राँगी) की तैयार फसलें गरीब खेतिहरों का तन-मन जुड़ा रही थीं। उपरले खेतों में धान के हरे-हरे पौधे लहलहा रहे थे।

गढ़पोखर में उत्तर-पूर्वी कोने पर बाहर से पानी आने का रास्ता था। अब दिन-रात उधर से बाढ़ का पानी आ रहा था।

अंदर की छोटी मछलियाँ काफी तादाद में सैर को निकला करतीं और आगे सरइला और टभकी के व्यूहों में आ पड़तीं।

लाल-रुपहली और सुरमई छिलकोंवाली पोठी मछलियाँ मसूरिया आँखें चमकाती हुई शान से निकलतीं और बहते पानी में उलटे-तिर्छे चढ़तीं। मंगल को पोठी मछलियों की यह अकड़ खूब ही भाती थी। लेकिन जंगल को सूत-सी सादी लंबी मूँछोंवाला इच्चा (झिंगा) देखते रहना अच्छा लगता था। चुल्हाई कँटीले कंठवाला भूरा-कजरा टेंगरा देखता तो खुशी के मारे चीख पड़ता। मधुरी की निगाहें चिकने-रुपहले सूहा पर फिदा थीं। जिलेबिया को नीली आभावाली मटमैली मारा मछलियाँ प्यारी थीं। सिलेबिया को चिपटा-चमकीला मोतिया कतरा पसंद था।

छोटी मछलियों की तरह बड़ी मछलियों में भी इनकी अपनी-अपनी पसंद थी। उम्र और जीवन का जंजाल बढ़ जाने के कारण भोला और खुरखुन आदि का हाल यह था कि खास शकल-सूरतवाली कोई मछली अब किसी की खास पसंद की नहीं रह गई थी; मछुए मछुए थे और मछलियाँ मछलियाँ थीं, बस। हाँ वह एक दूसरी बात थी कि दारू-ताड़ी की मस्ती में भोला अक्सर गुनगुना उठता :

"मँगुरी को मात करती है मेरी प्यारी
वो रंगत और वो चिकनापन
कहाँ से लाएगी मँगुरी बेचारी
मात करती है मँगुरी को मेरी प्यारी
मेरी जान ! मेरी जान ! मेरी जान !

निछावर है तुझ पे भोला के परान !!"

यानी अपने बचपन में मँगुरी मछलियों की छवि-छटा उसे बेहद पसंद थी और पत्नी मिली तो वह भी मँगुरी की-सी रंगतवाली। पुराने गीत की आखिरी कड़ी में गीतकार की जगह अपना नाम बैठाकर तभी तो भोला जाने-अनजाने गुनगुनाया करता।

मधुरी पिछली शाम को ही ससुराल से भाग आई थी। नशाखोर ससुर की खुराफातों ने उसे पति के पास टिकने नहीं दिया।

सुबह-सुबह अभी बस्ती-भर के लोग गढ़पोखर के उत्तर-पूर्वी मोहार पर छोटी मछलियों का शिकार कर रहे थे। मधुरी की छोटी बहन तीरा अपने भाई-बहनों के साथ आई हुई थी। उसने सबसे अलग अपनी टभकी लगा रखी थी।

गरोखर की पूर्वी भिंड के नीचे सड़क थी। सड़क से पूरब एक डबरा (तलइया) था। डबरा बाढ़ के पानी से भर चुका था और अब सड़कवाली पुलिया के नीचे से गुजरनेवाला नाला उसके अतिरिक्त जल को गरोखर की तरफ बहाकर आनेवाले नाले में डाल रहा था। ये नाले जहाँ मिलते थे उससे चार कदम पूरब कई छोकरों-छोकरियों ने एक ही कतार में अपनी-अपनी टभकी खड़ी कर रखी थी।

तीरा की टभकी वहीं लगी हुई थी।

सिलेबिया मछलियाँ घर पहुँचाकर दूसरी दफे जब लौटी तो उसे याद आया कि पिछली शाम को मधुरी ससुराल से भाग आई है।

वह तीरा के नजदीक आई, उसके कंधे पर हाथ रख दिया।

—क्या है रे ?

—रहेगा क्या ? तेरी टभकी के अंदर पोठा-पोठी उछल-कूद मचा रहे हैं !

—देख सिलेबिया, आँख निकाल लूँगी ! नज़र लगाती है !

फि : हि हि हि हि !—सिलेबिया हँसने लगी।

तीरा ने नाले में धँसकर बहते पानी में से टभकी ऊपर उठा ली। इधर ज़मीन पर आकर टभकी से मछलियाँ निकाल लीं। दस-बारह पोठियाँ थीं, हरी-हरी दूबों पर वे तड़पने लगीं।

तीरा के भाई-बहनों ने उन्हें उठाकर चंगेरी में रख लिया।

टभकी फिर बहते पानी में पहली जगह पर अटका दी गई।

अब सिलेबिया ने कहा—"अभी-अभी मैं मधुरी बहन को मंइञा के

पास बैठी देख आई हूँ। बताऊँ, क्या कह रही थी ?"

"क्या कह रही थी ?''—तीरा ने पूछा।

सिलेबिया ने झुककर दूब की एक पत्ती खोंट ली, उसे चबाती-खाती बोली—"कह रही थी, यहाँ तो चार जगह घूम-फिर लेती थी और दिन निकल जाता था लेकिन वहाँ घर-आँगन के अंदर ही कैद रहती थी और बखत काटना पहाड़ था मंइञा !"

भक् !—तीरा के मुँह से निकला।

—तेरी कसम तीरा !

--अपनी भाभी से पूछ लेना !

सिलेबिया दूबों पर बैठकर चमचमाती पोठी मछलियाँ उलट-पलटकर छू-छाकर देखती रही। कुछ क्षण बाद बोली—"अपनी बहन को तूने अच्छी तरह नहीं देखा है अब तक ! सिर के पीछेवाले बहुत सारे बाल उसके नुचे हैं। पीठ पर कैलियों के मार के निशान हैं ! ससुर क्या है, लगता है राच्छस ही होगा..."

"राच्छस की नानी !"—चुपचाप आकर पीछे से बड़ी बहन जिलेबिया ने उसका एक कान कसकर खींचा। गाल पर चपत लगाकर कहा, "बुढ़िया रानी, घर-आँगन की बातें यहाँ उड़ाई जाती हैं ? खबरदार, जीभ निकाल लूँगी !..."

सिलेबिया ठुनककर उठी और बहन को गालियाँ देने लगी—"राँड़ी ! दगधी ! निरासी ! छुच्छी ! सइयाँ डाही !...उँगलियों में कोढ़ फूटेगी ! हाथ गल-गल के गिरेगाऽऽऽऽ..."

अब ज़िलेबिया ने छोटी बहन की पीठ पर गदागद पाँच-सात मुक्के जमा दिए—"छिनाल कहीं की ! ले, अब तो हुआ !"

तीरा ने बीचबचाव किया वरना अभी और पीठ-पूजा हुई होती।

रोती-रोती आखिर सिलेबिया घर की तरफ चल पड़ी।

डेढ़-दो सेर के करीब मछलियाँ तीरा ने भी निकाल ली थीं।

बिसुनी, रंगलाल, नीरस, टुन्नी--सभी के लड़के-लड़कियाँ अपनी-अपनी टभकी लगाए हुए थे। सेर-सेर, डेढ़-डेढ़ सेर छोटी मछलियाँ किसके घर नहीं आई थीं। यह इन दिनों रोजाना का सिलसिला था।

कई परिवार ऐसे थे कि भुनी हुई मछलियाँ ही उनका मुख्य आहार बन रहा था। खुरखुन, बिसुनी, नीरस, रंगलाल, टुन्नी और भोकर जैसे मछुए इन्हीं परिवारों के मुखिया थे।

जिलेबिया-सिलेबिया खाते-पीते मछुआ-परिवार की लड़कियाँ थीं। टभकी या गाँज लेकर घर से निकलना उनके लिए शौक की बात थी लेकिन मधुरी और तीरा के लिए वह जीवन की अनिवार्य शर्तों में शामिल था।

दिन-दिन भर और रात-रात भर वे मछलियों के मोर्चे पर डटी रहतीं। छोटी मछलियाँ पकड़ने-फँसाने का काम प्रायः ही लड़कों-लड़कियों और स्त्रियों के जिम्मे था। बड़ी मछलियाँ पकड़ना, नाव चलाना, तालमखाना की फसल उपजाना, माल की खपत का प्रबंध करना—ये सारे काम मर्द मछुओं के थे।

सात-आठ खानेवाले, खुरखुन अकेला कमानेवाला। औरत हमेशा की पिलपिली। कौन-सी बीमारी उसे नहीं हुई थी : मलेरिया का शिकार वह ! कालाजार की पचासों सुइयाँ उसको लगीं ! पेचिश और संग्रहणी की मिताई उससे ? और अब दमा ने दर्शन दिए थे !

देपुरा में जिला-बोर्ड की तरफ से एक अस्पताल था। एम.बी.बी.एस. डाक्टर, कम्पाउंडर, चपरासी—तीन का स्टाफ था। सफेदपोशों की धींगामुश्ती के कारण सौ में से पंचानबे रोगी उस दातव्य चिकित्सालय से पूरा फायदा नहीं उठा पाते। ईमानदार और जन-सामान्य का पक्षधर होकर जो डाक्टर वहाँ रहना चाहता वह चार महीने भी टिक नहीं पाता। दूसरे डाक्टर थे सतघरा के होमियोपैथ बाबू बिशंभर दास। इधर एलोपैथी की भी टप्पाटोइया चिकित्सा उन्होंने आरंभ कर दी थी और पास-पड़ोस के दस-पंद्रह गाँवों की घनी आबादी में चपक उठे थे। मधेपुर में छोटा-सा लेकिन अच्छा अस्पताल था, मलाही-गोंढ़ियारीवाले कभी-कभी उधर भी दवा के लिए निकल जाते।

मधुरी की माँ को इन दिनों कालाजार ने धर दबाया था। तीरा को साथ लेकर पंद्रह-पंद्रह दिन पर वह देपुरा जाती और सुई दिलवा आती। आज सनीचर था, सुई लेनी थी आज।

भाई और बहन को टभकी की निगरानी के लिए छोड़कर तीरा मछलियाँ लिए हुए वापस आई।

मधुरी चूल्हे के पास बैठी मडुआ का आटा गूँध रही थी। चूल्हे के मुँह में पीपल की एक सूखी टहनी और आम के अधसूखे पत्ते सुलग रहे थे। आँच नहीं थी, धुआँ ही धुआँ था।

तीरा को देखते ही मधुरी ने ऊँची आवाज़ में कहा—"गे, आधी मुट्ठी फूस लेती आ कहीं से ?"

हाथ आटे में सने थे, कड़वा धुआँ निगाहों को पानी-पानी कर रहा था। मधुरी ने केहुनी से पहले तो आँखें पोंछीं, फिर कपार पर छितराई लटों

को सिर की तरफ ऊपर को हटा दिया।

सूखी-पुरानी कड़कदार फूस हो तो छुआते ही आग भभक उठती है और चूल्हा हँसने लगता है। बरसात के मौसम में चूल्हा रूठता है तो फिर फूस ही उसे मनाती है। मगर यह फूस आवे तो कहाँ से ? या तो घर के छप्परों से नोची जाय या पलानी से खींची जाय या फिर घिरावे की टट्टर से...मछलियाँ एक तरफ रखकर तीरा गुमसुम खड़ी रही। कहाँ से मूठ-भर फूस लाकर वह बहन को दे ?

खुरखुन का पिछवाड़ा और मुसम्मात जितिया का पिछवाड़ा मिलते थे। जितिया के घर के बगल में पतहर की ढेर थी जिसके चारों तरफ अमती के काँटों का घेरा था। तीरा चुपके से अपने घर के पिछवाड़े चली गई। दच्छिन-पच्छिम के कोने दूर तक खुले थे, आगे इमली का बूढ़ा पेड़। भोकर की औरत दिखाई पड़ी तो तीरा पेशाब करते समय की-सी मुद्रा में अँचरा फैलाकर बैठ गई। अभी दस रोज पहले ही भोकर की औरत से माँ का झगड़ा हुआ था। कहीं जितिया के पिछवाड़े पतहर चुराते देख लिया तो ज़रूर वह चुगलखोरी करेगी, यही अंदेसा तीरा के कलेजे को कँपाने लगा और लड़की छापेमार सिपाही के पैंतरे सोचने लगी। हुआ आखिर कुछ नहीं, भोकर की औरत अपनी बुढ़िया बकरी को गरोखर के मोहार की ओर ले जा रही थी सो अपना ले गई; जितिया के पिछवाड़े बैठी तीरा की तरफ उसने गर्दन तक नहीं उठाई।

क्षण भर बाद दो मूठ पतहर मधुरी के सामने आ गई।

बस एक सूखा पत्ता ! कि चूल्हे की धुआँती आग खिलखिला उठी।

मधुरी ने जल्दी-जल्दी आठ-दस टिक्कड़ ठोंक-सेंक लिए। बूँद-भर भी तेल नहीं था टाड़ी में, तो यों ही सूखे-सूखे भून लीं मछलियाँ। पीछे नमक और लाल मिर्च मीस-मासकर उसका भुर्ता बना लिया। छः-साला छोटी बहन एक भुनी पोठी ले भागी तो तीरा बड़बड़ा रही थी।

मुस्कुराकर मधुरी बोली—"क्या हुआ ? खा गई तो खा गई ! तू न सयानी है, वह तो अभी बच्ची है..."

बच्ची की नानी !—कुढ़न में होंठ सिकोड़कर तीरा मिनमिनाई।

—आ, खा ले !

—नहीं खाऊँगी ...

मधुरी ने उसे दुबारा नहीं कहा खाने को। जिद्दी लड़की थी। कहना बेकार था। माँ को सुई दिलवाकर लौटेगी तो खा लेगी...मधुरी मन

ही मन बोली।

छोटी बहन पलानीवाले इकहरे छप्पर की पतली खंभेली से सटकर खड़ी थी। बहनों की ओर मुलुर-मुलुर ताक रही थी। पोस्ता के दानों-से बारीक और पीले पोठी के अंडे होंठों से अब भी चिपके हुए थे। तीरा की डाँट-फटकार चेहरे की रौनक पी गई थी। भय भूख को दबा रहा था।

मधुरी टिक्कड़ और भुर्ता अंदर रख आई तो छोकरी को उठाकर गोद में ले लिया। गाल से सटाकर चुमकारने लगी तो उसने रो दिया, बाँहें फैलाकर बड़ी बहन के गले से लिपट गई।

एक बाँह का पूरा दबाव डालकर गोद की नन्हीं को मधुरी ने सीने में धँसा लिया और तीरा के प्रति आँखें तरेरकर बोली—"चुड़ैल, तू रुलाना ही रुलाना जानती है कि कुछ और भी सीखा है ? हुँ हुँ हुँ हुँ..." फिर नन्ही से कहा : "चल, आज इसे खाना नहीं मिलेगा ! चल, हम-तुम साथ बैठकर खाएँगे, है न नू नू ?"

नन्ही की रुलाई सुनकर माँ बाहर आई।

साँवली खाल से मढ़ा हुआ कंकाली ढाँचा। धँसी-बुझी आँखें। पोपले गाल। सर के बाल उड़ रहे थे। मैली-फटी साड़ी चिप्पियों से जगमगा रही थी।

गोद का डेढ़-साला बच्चा मिन-मिन करता पीछा कर रहा था।

माँ ने कहा—"नन्ही को लगी थी भूख और उस पर तीरा ने बेचारी को फटकारा है। जा, अंदर बैठकर इसे खिला दे। खुद भी खा ले।... और तू भी अब बहन के पास जा !"

आखिरी जुमला डेढ़-साला बच्चे के लिए था।

मधुरी अंदर आकर बीच घर में खिलाने-खाने बैठी।

खजूर के पत्तों से बिनी मामूली-सी दो चटाइयाँ। एक बिछी थी, दूसरी लपेटकर कोने में रखी थी। पीतल का पिचका लोटा, अलमुनियम की लुंज थाली। बाकी बर्तन-बासन मिट्टी के।...खुरखुन का संसार वही था, सिर्फ मौसम दूसरा था।

टिक्कड़ से डबल टुकड़ा तोड़कर भुर्ता जरा-सा उसमें लगाकर निवाला उसने मुँह में डाला और सोचने लगी—क्या वही चिथड़ा झुलाती अम्मा अस्पताल जाएगी ? तार-तार हो गया है समूचा नूआ (लुग्गा) ! अब और एक दिन भी पहनने लायक नहीं रह गया है फिर भी उसे पहने जा रही है। ! ठीक है, गरीब की घर-गिरस्ती में यह सब चलता ही है। मगर यह भी क्या

कोई लत है कि सँभालकर रखे हुए कपड़े पड़े-पड़े ही पुराने पड़ जायँ ? काठवाली पुश्तैनी संदूकची में तीन-चार साड़ियाँ तो हैं ही...

नन्ही के मुँह में भुर्ते के साथ लाल मिर्च का रत्ती-भर का टुकड़ा आ गया था, गला लहरने लगा तो चिल्लाई—"पानी, गे बहिन ! पानी ी ी ी..."

रोटी का टुकड़ा अँगुलियों में थामे छोकरी सुसुआ रही थी, आगे बढ़ा हुआ दूसरा हाथ पानी के लिए उसकी बेताबी का सबूत था।

मधुरी उठी, दौड़कर बाहर ओसारे पर घैलची (घरोंसी) के पास पड़ी डोल से पीने का पानी ले आई भर-लोटा। नन्ही के होंठों से सटा दिया तो ढेर-सा पानी वह एक ही दम में ढकोस गई और तब जाकर शांत हुई।

छोकरी का तो फिर हियाव ही भर गया, खाना छोड़कर घर के कोने में वह चुहिया की दौड़-धूप देखने गई। पानी पीकर मधुरी भी तीरा को मना लाई और दोनों बहनों ने साथ खाया।

संदूकची से एक अधपुरानी साड़ी निकालकर माँ से पहनने को कहा तो वह बड़बड़ाने लगी : छिनाल कहीं की ! क्या बिगड़ता है ! मैं ऐसी ही जाऊँगी ! रानीजी की बातें तो सुने कोई आके—लाई है अपने खसम की कमाई में से एक सूत भी ?...

गुस्सा तो मधुरी के भी जोरों का आया लेकिन सारी उबाल वह पी गई। ससुराल से भागकर ही तो आई थी, बस आ-भर गई थी। पहनावे में हरे फूलों की किनारियोंवाली साड़ी मात्र देह के साथ लाई थी। गले में हँसली, बाँहों में बाजूबंद, कलाइयों में मरोड़दार कंगन—पैरों में साटन...अपने ये गहने उसे प्रिय थे, इन्हें हमेशा पहने रहती। सो, ये भी साथ आ गए थे। कड़े नहीं ला सकी थी।...अब इस वक्त रोगही और चिड़चिड़े मिजाजवाली माँ से भला वह क्या बतकुट्टन करे ! चुपचाप बेचारी शीशी धोती रही।

फिर जाने क्या सोचकर माँ ने वह साड़ी पहन ली और बड़ी बेटी की तरफ देखा।

मधुरी शीशी धो-पोंछ चुकी थी। जाल के रद्दी टुकड़े से पतली सूती डोरियाँ निकालकर उन्हें वह दुहरा-तिहरा बाँट दे रही थी कि शीशी के कंठ में फँसा दे और लटकाकर दवा लाने में तीरा को आसानी हो।

तब तक तीरा लपककर गई और मंगल की घरवाली से चार ठोप (बूँद) तेल ले आई, गरी का तेल। बाल मींज-माँजकर जल्दी-जल्दी में जूड़ा बाँध लिया और पानी छूकर मुखड़े को चिकना बनाती हुई हाज़िर हो गई बहन के सामने।

अनुमोदन में मुस्कान के साथ-साथ मधुरी ने आँखें मटका दीं।

ठीक उसी समय मछलियों समेत टभकी लिए हुए लड़के ने आँगन की सीमा में पैर रखे तो माँ बुदबुदाई—"कहाँ मर गया था ? भूख तो लगती ही नहीं तुझे !"

आ छोटे, आ !—मधुरी हुलसकर बोली।

मछलियाँ और टभकी ज़मीन पर पटककर छोटे बड़ी बहन के पास आ गया। मचलकर बोला—"ऊँ ऊँ ऊँ ऊँ स ब ने खा लि या ईं ईं ईं ईं मैं ऐं ऐं ऐं ऐं भूखा हूँ ऊँ ऊँ ऊँ..."

शीशी के गले में फंदा लगा चुकी थी मधुरी, भाई को अंकवार में कसती हुई कह उठी—"अनेरे (यों ही) किसने खाया है ? किसी ने तो नहीं !"

—ऊँ ऊँ ऊँ ऊँ !

—वाह रे ऊँ ऊँ !

बहन ने भाई को गोद में उठा लिया।

अठारह साल की मधुरी। नौ साल का छोटे।

—बाप रे !

—क्या हुआ ?

—भारी लगता है गे !

मधुरी की असुविधा पर तीरा खिलखिलाकर हँसी...

अब माँ से नहीं रहा गया। दबी-दबी मुस्कान चुचके गालों पर जमुनिया रौनक छिड़क गई।

—उतर, हुआ तो अब ?

—चल, खा ले !

मधुरी भाई को गोदी से उतारकर खाना देने गई।

नन्ही और डेढ़-साला बच्चा घर के अंदर खेल रहे थे। भाई की आवाज़ सुनकर वे अब बाहर आए और टभकी के अंदर पड़ी मछलियों को छेड़-छेड़कर खेलने लगे।

टिक्कड़ से तोड़-तोड़कर और भुर्ता से मखा-मखाकर कई एक निवाले जब चबा चुका तो छोटे ने कहा—"दीदी, तेरे आने की खबर बब्बू को मैंने भेज दी है ! ठीक है न दीदी ?"

—ठीक है !

—बब्बू को फुर्सत नहीं मिलती है दीदी !

—अच्छा तो है !

—चलेगी ? बब्बू से मिल आएँगे !

माँ की डाँट पड़ी तो लड़का चुप।

बहन ने कान में कहा—''अभी सुई लेने जाएगी तो अपन खूब गप्पें लड़ाएँगे, है न छोटे ?'

छोटे की आँखें चमक उठीं। वह इत्मीनान से खाता रहा।

तीरा माँ को लेकर बाहर निकली। मधुरी ने ऊँची आवाज़ में पूछ लिया—"शीशी तो नहीं छोड़ दी ? और, अस्पताली पुर्जी ले ली न ?"

"हाँ, सब ले लिया है दीदी !"—वैसी ही आवाज़ में तीरा ने जवाब दिया।

कुछ दुतरफा आवाज़ें फिर-फिर गूँजीं।

—और, धनिया-हल्दी पाव-भर लेती आना !

—पैसे ?

—माँ के पास होंगे !

—अच्छा !

नौ

बीच में दो-तीन जगह लाइन डूब जाने से ट्रेनों का आना-जाना बंद था। दरभंगा से आनेवाली गाड़ियाँ झंझारपुर तक आती थीं। आगे तीन स्टेशनों तक जानेवाले मुसाफिर नाव की शरण लेते थे।

बाढ़ का पानी देहातों में दूर-दूर तक घुस आया था। भाग-भागकर लोग रेलवे की बाँध पर जा जुटे थे। लाइन पर पंद्रह-बीस मील तक भीड़-ही-भीड़ नज़र आती। स्टेशनों पर खड़े मालगाड़ी के डब्बे शरणार्थियों की दखल में थे। प्लेटफार्म सैकड़ों परिवारों का सम्मिलित आँगन हो रहे थे। इधर-उधर बिखरे पड़े घरेलू सामान, शिशुओं की रुलाई, बड़े बच्चों की चीख-पुकार, सयानों की बातचीत, हुक्कों की गुड़गुड़ाहट, गीली लकड़ियों और अधसूखे उपलों का कड़वा धुआँ, भीगे-मैले कपड़ों की दुर्गन्ध, उमसी पसीने की चिप-चिप...कुल मिलाकर वातावरण घुटा-घुटा-सा था।

बाहर स्टेशन के निकट ही ऊँची ज़मीन पर बाढ़-पीड़ितों के लिए सहायता-कैंप खुला था। यह हिंद हितकारी समाज की तरफ से था। पाँच स्वयंसेवक, दो माँझी और दो डोंगियाँ, दो तम्बू...एक टेबुल, तीन कुर्सियाँ, दवाओं के दो बक्स, इन्जेक्शन और फर्स्ट-एड (तत्काल-उपचार) की एक दस्ती पेटी, एक स्टोव, बुरादों की ईंधनवाली दो सिगड़ियाँ, कुछ एक बोरे चावल, गेहूँ और चने, दो टिन सूरज-छाप किरासन, दो चारपाइयाँ, खाना पकाने के तीन-चार बर्तन, दो थालियाँ, तीन कटोरे, चाय की छोटी केतली, लोटा और मग (सभी अल्मूनियम के) ...आफिसर-इंचार्ज छंटी हुई महीन मूँछों और घुटी दाढ़ीवाला एक अधेड़ खद्दरपोश व्यक्ति था। साँवली सूरत, गोल चेहरा, बड़ी-बड़ी आँखें, नुकीली नाक। हँसता तो मोतिया दाँत चेहरे की रौनक को चौगुनी कर देते।

खुरखुन और नीरस दो महीने के लिए डोंगियाँ खेने की ड्यूटी पर बहाल किए गए थे। उनका खाना अक्सर अपने गाँव-घर से आता था। बीच की सड़क कई-कई दिनों तक डूबी रही थी तो भी गोंढ़ियारी से स्टेशन तक आने-जानेवाला रोज कोई न कोई निकल ही आता।

और कोई न हुआ तो मोहन माँझी।

मोहन माँझी नेता हो जाने पर भी इन मामलों में ठेठ देहाती था। दूसरों का सामान ढोते समय झूठमूठ की लाज-शरम का शिकार वह कभी हुआ ही नहीं। बाबू-वर्गीय हिचकिचाहट या संकोच उससे कोसों दूर थे। जिस रोज स्टेशन की तरफ उसे आना होता, खुद आकर खुरखुन और नीरस के घर से उसका खाना ले लेता। मडुआ (राँगी) की रोटियों और मछलियों के भुर्ते का पोटला लटकाए जब मोहन माँझी दिखाई देता तो खुशी के मारे खुरखुन की खीसें निकल आतीं।

खुशी किस बात की ?

खाना ले आने की ?

नहीं, खाना ले आने की खुशी नहीं। यह काम तो उनका कोई न कोई कर ही देता। गोंढ़ियारी और तमुड़िया के बीच जाने-आनेवालों की कमी नहीं थी। तो फिर किस बात की खुशी?

खुशी इस बात की कि नेताजी से चार बातें करने का अवसर हासिल हुआ। खुरखुन बस इसी के लिए तो तरसता रहता था। हफ्ते में एक-आध बार चोंचें सट जातीं तो ठीक वरना खुरखुन का दिल मोहन माँझी के लिए तड़प-तड़पकर रह जाता।

गरोखर की ऊँची भिंड पर, प्राइमरी स्कूल के पास ही मोहन माँझी ने भी अपने इलाके के बाढ़-पीड़ितों की मदद के लिए एक सेवा-शिविर चालू कर रखा था।

प्रबंध के लिए जो कमेटी बनी थी उसमें पाँच व्यक्ति थे—प्रजा समाजवादी पार्टी का एक और एक लोहिया-समर्थक यानी दो सोशलिस्ट; ईमानदार किंतु उपेक्षित एक कांग्रेसी; बहुतेरे हाईस्कूलों में हेडमास्टरी करने के बाद पेंशनयाफ्ता जीवन बितानेवाले एक बुजुर्ग; और हँसिया-हथौड़ावाली लाल पताका का फर्माबर्दार एक किसान सभाई यानी कामरेड मोहन माँझी।

कैंप के लिए बाँस काफी मिले मगर फूस नहीं मिली, तो ताड़ के पत्तों की चटाइयाँ माँझी लहेरियासराय से ले आया था। दो-दो छप्परोंवाले तीन अस्थाई कुटीर तैयार करा लिए थे। बीस बोरे अनाज के, दस थान कपड़ों के, नौ सौ रुपए नकद, तीन पेटियाँ दवाइयों की, दो डेंगियाँ, एक पुरानी साइकिल, मवेशियों के लिए चालीस बोझ पुआल...कमेटी पंद्रह दिनों के अंदर ही इतनी सामग्री जुटा सकी, यह इस बात का सबूत था कि उन्हें इलाके की अपनी जनता का विश्वास हासिल है। हाँ देपुरा और सतघरा के खानदानी ज़मींदारों ने कमेटी को न एक पाई दी, न एक दाना ही दिया। लेकिन सतघरा की बड़ी डेउढ़ी के छोटे बाबू साहेब 'मानिकजी' का मँझला बबुआ 'हीराजी' को जाने क्या सूझा कि मोहन माँझी को अपनी साइकिल थमा गया और बार-बार कहने-कहलवाने पर भी ले नहीं गया।

हीराजी मेडिकल कालेज (पटना) का छात्र था और अफवाह फैल रही थी कि उसका दिमाग फिर गया है। औज-मौज में हज़ार-पाँच सौ रुपए फेंक-फूँक दे तो ठीक है। सौ-पचास लगाकर गाँधीजी और नेहरूजी की रजत-प्रतिमाएँ बनवा ले तो ठीक है। महीने में बीस दफे हालीवुड फिल्में देख आए तो भी ठीक है। मगर कम्युनिस्टों की संगत में वक्त गँवाए, छठे-छमाहे दस-पाँच रुपए उनकी पार्टी को चंदा दे, स्टूडेंट फेडरेशन द्वारा चलाई गई तहरीकों में दिलचस्पी ले, तो अवश्य ही उसका मस्तिष्क विकृत हो गया है... अभिजातवर्गीय आलोचना का कुछ ऐसा ही रुख था हीराजी के बारे में। लेकिन मोहन माँझी तो बिलकुल दंग रह गया था उसकी भावुकता देखकर ! साइकिल नई नहीं थी, दो-तीन साल पुरानी थी। मगर इससे क्या ? एक श्रद्धालु की तरफ से अर्पित नैवेद्य तो थी वह ! माँझी जनसामान्य की आस्था का अद्भुत पारखी था। उसे लगा कि 'ना' कर देने पर हीराजी को हफ्तों नींद नहीं आएगी; यह कोई अनिवार्य शर्त नहीं है कि दादा-परदादा और

बाप-चाचा जालिम ज़मींदार रहे हैं तो यह भी उन्हीं का अनुगमन करेगा।

मलाही-गोंढ़ियारी की संयुक्त आबादियों में आम किसान और खेत मज़दूर कम नहीं थे किंतु उनमें भी ज्यादा तादाद थी मछुओं-माँझियों की ही। इनकी भी चार-पाँच उपजातियाँ यहाँ थीं : सहनी, माँझी, खुनौत, तीअर, जलुआ। धनहा चौर और गढ़पोखर जैसे विशाल जलाशय ही इनके पूर्वजों को यहाँ खींच लाए थे। आबादी उत्तरोत्तर बढ़ती आई थी, खानेवाले मुँह पचास गुना अधिक हो गए थे। कोसी का जहरीला पानी बीमारियाँ काफी ले आया था फिर भी मृत्यु पर ज़िंदगी हावी थी। खपरैल और छतवाले घर दो-तीन परिवारों के ही थे, बाकी घास-फूँस की कुटीरें थीं। आग लगती तो इस छोर से उस छोर तक समूचा गाँव स्वाहा ! बाढ़ आती तो घरों में पानी घुस जाता, भीतें धँस जातीं और छप्पर बह जाते। हैजा और मलेरिया का तांडव आबादी को मसान बनाकर छोड़ जाता।

गढ़पोखर की ऊँची-लंबी ढलान इन बस्तियों को धीरे-धीरे अपनी तरफ खींच रही थी। यूँ भी ये गाँव धनहा चौर की सतह से काफी ऊँचाई पर बसे थे। बाढ़ का पानी सड़क से दच्छिन की आबादी को तो ज़रूर परेशान करता मगर सड़क से उत्तर यानी गरोखर के दच्छिनी मोहार की ढलान पर आबाद घरों तक उसकी पहुँच कभी नहीं होती।

मलाही-गोंढ़ियारी का आधा हिस्सा बाढ़ की चपेट में पड़ ही जाता। फिर बाकी आधा हिस्सा खुलकर उसकी मदद करता।

इस बार भी यही बात हुई थी।

रंगलाल, बिसुनी और नीरस आदि के घर आठ-दस रोज़ तक बाढ़ के पानी से भरे रहे।

सड़क के दच्छिन की बाढ़-ग्रस्त आबादी गढ़पोखर की दच्छिनवाली भिंड पर आबाद हो गई थी। पास-पड़ोस के डूबे हुए गाँवों की विपन्न जनता उत्तरी और पूरबी भिंडों पर।

सहायता-कैंप की तरफ से एक कुटीर उत्तरी भिंड पर खड़ी की गई थी, दूसरी कुटीर पूरबी मोहार पर। मोहन माँझी ने खुरखुन से कहकर मधुरी को कैंप के कामों में लगा दिया था। जिलेबिया भी मधुरी का हाथ बटाती थी। युवकों में मंगल, चुल्हाई, गंगा सहनी का छोटा भाई, बिसुनी का बेटा, मुसम्मात जितिया का बहिनौत (भगिनी पुत्र) आदि तो थे ही; पड़ोसी गाँवों के भी पाँच-सात जवान डटे रहते।

मधुरी के जिम्मे काम था सहायता-कार्य में लगे हुए स्वयंसेवकों और

बाहर से आए मेहमानों-नेताओं के लिए खाना व नाश्ता तैयार करना, खिलाना-पिलाना; वितरित होनेवाले अनाज की सफाई; ज़रूरतमंद स्त्रियों तक अन्न-वस्त्र पहुँचाना; और अपनी बस्ती के अंदर पानी में डूबे हुए घरों से सामान निकालने में औरतों की मदद करना...

चुल्हाई वगैरह पड़ोसी गाँवों से मुसीबतजदा लोगों को डोंगियों पर ले आते थे—सूनी आँखें, उदास चेहरे, कई-कई दिनों के भूखे होते थे लोग !

दूध-पीते बच्चों का दूध के अभाव में बुरा हाल था। जमे दूध के बीस-एक बंद डब्बे मिले थे। शहर की हवा जो खा आए थे, ऐसे दो-तीन स्वयंसेवक चाय-पानी के वक्त उस दूध को व्यक्तिगत उपयोग में लाते थे। साग-सब्जी पकाने के लिए भोला के घर से बड़ी कड़ाही आई हुई थी। मधुरी ने समूचा डब्बा-दूध गरम पानी में घुला लिया और बच्चों को पिला आई। शुरू हुआ सिलसिला। एक दिन, दो दिन और तीन दिन...चौथे रोज चौथा डब्बा खुला कि किसी ने मधुरी की शिकायत मोहन माँझी तक पहुँचाई—"मधुरी दवाईवाले दूध के डब्बे बर्बाद कर रही है !"

मोहन ने स्कूल में बुलाकर पूछा—"बिटिया, वह तो दवाई के काम का दूध है न ?"

"हाँ चाचा, है तो !" मधुरी ने जवाब दिया। मोहन माँझी ने और गंभीर होकर कहा—"तू घोल-घोलकर वह दूध लोगों को शर्बत की तरह पिलाती है ?"

—नहीं तो !

—वह बीमारों के लिए है बेटी !

—मुझे सब पता है चाचा ! यह भी मालूम है कि वह चाय के साथ पीने के लिए कैंप को नहीं मिला है...

अब भी मधुरी के हाथ में कंघी थी। जिस समय माँझी ने बुलवाया था, एक मातृहीन लड़की को आगे बैठाकर वह उसके बाल सँवार रही थी। सूखी दूब की पतली-कड़ी डंठल से कंघी के दाँतों में जमा हुआ मैल निकालती-निकालती मोहन माँझी को मधुरी ने सारी बात समझा दी तो उसके कंधे पर हाथ रखकर नेताजी बोले—"ठीक है बेटा ! दूध के सबसे बड़े दावेदार बच्चे ही हैं जिन्हें तू दूध दे रही है।"

जिसने चुगली खाई थी, उसे दरअसल भ्रम था मधुरी के बारे में। वह अपने संपर्क में आनेवाले कैंप के सभी युवकों के प्रति एक-सा बर्ताव रखती थी। बातें करती थी, खुलकर हँसती थी, ढेर-ढेर-सा मुस्काती थी, सुबह से

लेकर दुपहर-रात तक कामों में उलझी रहती थी। अपनी सामर्थ्य के मुताबिक सबकी सेवा करती थी। यहाँ कैंप में न वक्त था और न तबियत ही थी कि किसी के साथ बैठकर अकेले में गप्पें मारती रहे। इसी का यह नतीजा था कि दो-एक ईर्ष्यालु युवक मधुरी के प्रति छिद्रान्वेषी हो उठे।

बाढ़ग्रस्त इलाकों में चिकित्सा-कार्य के लिए पटना मेडिकल कालेज के छात्रों की एक टीम आई तो दो रोज़ वह गढ़पोखर कैंप में रह गई। उस मंडली में एक पंजाबी लड़की थी, नाम था कुसुम कक्कड़। गेहुआँ रंग, गोल चेहरा, बड़ी-बड़ी आँखें, नुकीली नाक। पहनावे में शलवार, सलूका और मलमल की चादर। स्वास्थ्य और खूबसूरती का अद्भुत मिलाप थी वह। बातचीत में और बर्ताव में शेर-बच्चा। मधुरी ने मेम देखी थी मगर इस प्रकार की पंजाबी लड़की को कभी नहीं देखा था। पहले जनम में ज़रूर कोई देवता रही होगी, मधुरी ने उसके बारे में यही सोचा।

मेडिकल टीम का कार्यक्रम संक्षिप्त और व्यस्त था तो भी घंटा-डेढ़ घंटा वक्त मधुरी और कुसुम साथ रहीं। खोद-खोदकर कक्कड़ ने उसकी बहुत-सारी बातें मालूम कर लीं और कहा—"लात मार साले को; जब तेरा अपना घरवाला ही बौड़म निकला तो ससुर की क्या बात करती है।"

आग्रहपूर्वक कुसुम मधुरी के साथ आकर मधुरी की माँ और भाई-बहनों से मिल गई। बिछुड़ते वक्त अपना पूरा पता लिखकर दिया कि शायद कभी काम आ जाए : कुसुम कक्कड़ मार्फत सी.एम. कक्कड़, जेनरल मर्चेन्ट्स, फ्रेजर रोड, पटना। नोटबुक से फाड़ा हुआ कागज का वह छोटा-सा टुकड़ा मधुरी ने तावीज की तरह सँभालकर रख लिया।

ससुराल से जब से लौटकर आई थी, पिता की ओर से मधुरी को काफी छूट मिल गई थी। ऐसा लगता था कि खुरखुन के लिए वह लड़की नहीं, लड़का है। खाँचे में मछलियाँ लेकर अब वह पड़ोस के गाँवों में बेच आती थी। देपुरा जाकर दवा-दारू और सौदा बाड़ी ले आती थी। बाढ़-पीड़ितों के लिए रिलीफ का काम शुरू हुआ तो वह गढ़पोखर के सहायता-शिविर में डट गई और इससे बाप को बेहद खुशी हुई थी।

खुरखुन पिछले डेढ़ महीने से भारत सेवक समाजवालों की सर्विस में था। एक डोंगी उसके सुपुर्द थी, कंडक्टर के तौर पर एक श्रमदानी सज्जन साथ रहते थे। उसे कभी-कभी दूर दक्षिण कुशेश्वर-स्थान तक डोंगी ले जानी पड़ती, उत्तर फुलपरास और पूरब निर्मली से भी आगे तक। यही हाल था नीरस का। मज़दूरी थी दो रुपए रोज की। दूर निकल जाते तो घर कहलावा

भेजते और उस दिन खाना नहीं आता। कभी अलग-अलग वक्त पर दोनों दो दिशाओं में निकलते। उनकी ये डोंगियाँ नई-नफीस और आरामदेह थीं। बैठने के लिए पीठ की ओर से टिकावदार बेंचनुमा चिकनी चमकीली तख्तियाँ जमाई हुई थीं। सीटें अधिक नहीं, चार दूनी आठ; बस। स्वयंसेवक और मल्लाह की जगहें दोनों तरफ छोरों पर निश्चित थीं। बीच में तीन साइकिल-स्टैंड थे।...ड्यूटी सिर्फ खेने की ही नहीं थी, बाज दफे किन्हीं-किन्हीं नेता बाबू की खास सेवा-टहल भी करनी पड़ जाती; तेल-मालिश, खाना बनाना, कपड़ों की सफाई आदि...दोष जो भी हों, एक बड़ा भारी गुण इस सर्विस में था कि तलब ठीक वक्त पर मिल जाती थी, बल्कि कुल रकम अगाऊ भी चाहो तो ले लो।

खुरखुन कुछ देर पहले निर्मली से डोंगी लेकर लौटा था। वह इस गुन-धुन में पड़ा था कि घर की खोज-खबर जाकर ले आए कि नहीं, कि आज यहीं कैंप में खाए-पिए और आराम करे और परसों तो छुट्टी मिलेगी ही...

कि मोहन माँझी दिखाई दे गया। लाइन के उस पार अपने गाँव की ओर से आने वाली सड़क पर नहीं, बल्कि शाम की ट्रेन से उतरकर बाहर पान की दूकान के सामने खड़ा था वह। वही साबिक बाना...कोकटी रंग की हाफ कमीज़, घुटनों तक की धोती, कंधे से लटकता थैला। सिर और पैर खाली।

खुरखुन केहुनियों के बल आधा औंधा लेटा था, छाती से ऊपर कंधे धरती से अलग थे और माथा उठाए सामने देख रहा था। अब मोहन माँझी पर नज़र गई तो उठकर खड़ा हो गया। ज़ोर से आवाज़ दी—नेताजी ी ी ी अ ऽ ऽ...! आ ओ नेताजी ी ी ी ी...!!

हाथ के इशारे से मोहन माझी ने खुरखुन को पास बुला लिया।

पान के लिए आग्रह हुआ तो खुरखुन ने हाथ बढ़ा दिया आगे।

उसने सोचा, चलो, यह अच्छा रहा कि नेताजी मिल गए। अब तो बातचीत की लालसा भी पूरी होगी और रास्ता भी अच्छी तरह कटेगा। अपने आपमें खुरखुन आश्वस्त हो गया कि गाँव चलना ही है।

मगर पूछने पर पता चला कि मोहन माँझी यह रात और कल का दिन स्टेशन पर ही गुजारेगा।

मालगाड़ी के पाँच डब्बे झंझारपुर स्टेशन पर साइडिंग में थे। तीन डब्बे यहाँ और चार घोघ डीहा स्टेशन पर। दरभंगा और समस्तीपुर से रेलवे-अधिकारियों के फोन पर फोन आ रहे थे। इधरवाले तीनों स्टेशन-मास्टर भी

कॉल पर कॉल दे रहे थे...

—नहीं सर, हमारा कोई भी बस नहीं चल रहा है, सर !

--जी सर, जी !...जी! येस सर !...

—पब्लिक का मूड बड़ा ही भायोलेंट है, सर !

—जी सर, हाँ, मुश्किल से ! जी हाँ, बड़ी मुश्किल से इन्हें हमने रोक रखा है !...जी !

—मिलिटरी ?...येस सर !...मिलिटरी ही अब इन डब्बों को खाली करा सकती है, सर !

—नहीं सर !...आधा दर्जन, नहीं सर !...एक दर्जन...

स्टेशन-मास्टर फाटक और खिड़कियाँ बंद करके फोन कर रहा था और बाहर शीशों में नाक-मुँह-कपार सटाए लोग उसकी मुखमुद्राएँ देख-देखकर ही असलियत को भाँप जाना चाहते थे।

मोहन माँझी खुरखुन को प्लेटफार्म पर ले आया।

सैकड़ों की तादाद में लोग छितराए हुए थे।

मालगाड़ी के डब्बे से जलते चूल्हों का धुआँ निकल रहा था। ज़रा देर पहले जमकर बूँदाबाँदी हुई थी। सो, भीगी साड़ियों और धोतियों की फैली हुई बदरंग नुमायश उतरती संध्या को मनहूस बना रही थी। ये कपड़े डब्बों की कीलियों-खूटियों और खुली फाटकों की कब्जियों--छोरों से उलझाकर सूखने को झुला दिए गए थे।

खुरखुन ने सुर्ती ठोंकते हुए कहा—"तो नेताजी, मैं भी आज घर नहीं जाऊँगा। हम साथ रहेंगे।"

—अच्छी बात है।

—अच्छी बात नहीं, तुम्हारा क्या ठिकाना ! चुपके से कहीं खिसक दोगे !

मोहन को हँसी आ गई, खुरखुन के कंधे पर हाथ रखकर बोला—"नहीं भाई, तुम्हारी नीयत साथ रहने की है तो कोई नाहक क्यों छोड़ देगा ?"

भीतर के हुलास को खुरखुन नहीं दबा सका तो दाँत निपोड़ दिए। सुर्ती फाँककर अस्पष्ट उच्चारण में कहा—"साथ-साथ ही गाय चराई, तुम हो गए कन्हैया ! भैया, तुम हो गए कन्हैया..."

माँझी आज दिन में काफी देर तक लहेरियासराय रहा था, अदालत के भी दो-तीन चक्कर लगाए थे। किसान सभा की अपनी जिला-आफिस से भी हो आया था। बाकरगंज की सालन-पराँठा-मछलीवाली दूकान में बैठकर खाना

खाया था। सहसा उसने पूछ लिया—"रात का खाना खुरखुन ?"

—नीरस पका रहा है, कहके आता हूँ। तुम्हारा भी पक जाएगा।

—अच्छा, सुना खुरखुन ? अंचलाधिकारी का तबादला होने जा रहा है...

—अरे !

—सच, तुम्हारी कसम !

—तुम तो कहते थे कि नहीं होगा।

—मैं कोई विधाता थोड़े हूँ।

—ऊँ !

—ऊँ ! सतघरा के ज़मींदारों का जाल कोई मामूली जाल है ?

—कसूर यही था कि गरीब ने हमार पच्छ लिया...

बीस-बाईस वर्ष का एक जवान लपकता हुआ आया और माँझी को एक ओर खींच ले गया। वह तैश में था, बोल मुँह से फूट नहीं पा रहे थे। उसने माँझी का हाथ कसकर पकड़ रखा था और भीड़ को चीरते हुए लाइनों की सीध में उधर बढ़ा जा रहा था जिधर मालगाड़ी का तीसरा डब्बा खड़ा था।

डब्बे का फाटक खुला था। स्टेशन का छोटा बाबू यानी माल बाबू खुद नीचे खड़ा-खड़ा डब्बा खाली करवा रहा था। अंदर पैटमैन (प्वाइंटमैन) और खलासी थे जो कि बाढ़-पीड़ित शरणार्थियों का सामान बाहर फेंक रहे थे। सन-से सफेद बालोंवाली एक बीमार बुढ़िया, मियादी बुखार की सूखी शकलवाला एक छोकरा, दूध-पीते शिशु को सँभाले खड़ी आधी-घूँघटवाली एक युवती...साफ था कि इन्हें नीचे उतरने को बाध्य किया गया था। ईंटों का कामचलाऊ चूल्हा था, उसमें ठोकर मारकर बटलोई लुढ़का दी गई थी और तैयार खिचड़ी के छितराए हुए रले-मिले घुले-पीले दाने टार्च की रोशनी में रह-रहकर जगमगा उठते थे।

युवक ने आदेशपूर्ण स्वर में माँझी से कहा—"आइए कामरेड, देखिए राक्षसों का यह तांडव ! बड़े मियाँ तो बड़े मियाँ, छोटे मियाँ सुभान अल्लाह ! रेलवेवालों के दिमाग तो जाने किस धात के बने हैं !...वह बूढ़ी मेरे गाँव की परदादी है, तिरानबे साल की उमर है उनकी। हमने आराम के लिहाल से उन्हें डब्बे के अंदर रखा था। और वो जो लड़का लड़खड़ाता-सा खड़ा है ?... अठारह रोज से बुखार में उबल रहा है। और वह चिलकाउर (सद्यः प्रसूता) बेचारी...कामरेड, मैं आग लगा दूँगा स्टेशन में ! ईंट से ईंट बजा दूँगा मैं

इनकी तो ! इन्होंने आखिर समझ क्या रखा है ?...मुसीबतों की मारी जनता के साथ इनका यह सलूक ! पिछले पाँच-सात दिनों के भीतर जिलाधीश (डी.एम.) को हमने चार बार तार किया है, दो बार चीफ मिनिस्टर को। पता नहीं, किस जहन्नुम में जाकर गर्क हो गए वे तार ! पा..."

मोहन माँझी ने बिजली की फुर्ती से अपना हाथ रख दिया युवक के मुँह पर, आफिसरों और मिनिस्टरों के लिए गालियों के सहस्र नाम तथा पवाड़े पहले अक्षर पर आकर ही घुटकर रह गए। कामरेड माँझी के हाथ का मजबूत पंजा उस क्षुब्ध-क्रुद्ध युवक के फड़कते होंठों को अच्छी तरह अपने काबू में ला चुका था।

मुँह को हाथ की कैद से छुड़ाने की कोशिश में युवक की पेशानी पर बल पड़े कि नहीं श्रावण शुक्ल की वह धुँधली रात भला कैसे बताती ?

उसके नथनों से छूटती हुई गरम-गरम साँसें माँझी को बतला रही थीं कि अंदर की उबाल का तापमान क्या हो सकता है।

दूसरी बाँह के घेरे में लेकर युवक को उसने सीने से लगा लिया और पहले हाथ का पंजा होंठों से हटाकर उसके माथे पर रखा। बरफ-सी ठंडी और मक्खन-मिसरी-सी चिकनी-मीठी बोली में कहा—"पगलई से काम नहीं चलेगा बेटा ! गरम लोहे को ठंडा हथौड़ा पीट-पीटकर रख देता है। ठंडे दिमाग से सोचना-समझना और तब आगे कदम बढ़ाना बबुआ... हम तुम्हारा साथ देंगे, घबड़ाने की क्या बात है इसमें !..."

"हाँ, ठाँढा-माफिक शोचने शे शोब (सब) काम शुभिश्ता (सुभीता) से हो जाएँगी ! बाबू, आप आ गिया, शो (सो) आच्छा हुआ ! न्यू ब्लड है न ! हूँ..." हिंदी में बँगला-उच्चारण की बघार मारकर छोटा बाबू बोल गया, वह बंगाली था।

"जाइए, आप अपना काम देखिए !"—मोहन माँझी ने उससे डपटकर कहा तो वह सिटपिटा गया। चार कदम हटकर खड़ा हुआ और डरे स्वर में आवाज़ लगाई—"घोघोन !"

घोघन मंडल पैटमैन का नाम था।

वह अपना काम लगभग खत्म कर चुका था। अंदर से ही जवाब दिया—"आया छोटे बाबू !"

बंगाली बाबू तब तक पचीस-तीस कदम अलग हट चुके थे। एक हाथ में ताला, दूसरे में पेन्सिल। डब्बा खाली करवाकर वह अपने सामने उसमें ताला लगवानेवाले थे और तब उन्हें समस्तीपुर फोन करना था कि आखिर

एक डब्बा हमने खाली करवा लिया।

युवक मोहन माँझी के बदन से सटा हुआ अब भी उसी तरह खड़ा था।

खुरखुन बराबर अपने 'नेताजी' के पीछे-पीछे था।

कामरेड माँझी ने छोटे बाबू को डाँट पिलाई, तो इससे खुरखुन का भौचकपना फट गया। नहीं तो अब तक वह किंकर्तव्यविमूढ़ ही रह जाता।

मोहन माँझी की वह फटकार नई दिशा का संकेत थी।

डब्बे का फाटक खुला पड़ा था। अब भी अंदर से इक्की-दुक्की चीज़ें बाहर फेंकी जा रही थीं। बड़ी और वजनी वस्तुएँ निकाली जा चुकी थीं, अब छोटी वस्तुओं का नंबर था...कलछी गिरी, कजरौटा गिरा, बार्ली की छोटी डब्बी गिरी, दूध-पीते बच्चे का मैला, चिपचिपा, धुँधली चाँदनी में काला लगनेवाला तकिया गिरा...

"ठहरो !" अब खुरखुन गरजा, अपार रोष खौल उठा उसका—"तुम लोगों की यह हिमाकत !...तुम्हें रोकने-टोकनेवाले मर नहीं गए हैं..."

वह छलाँग मारकर डब्बे के अंदर हो गया।

खलासी और पैटमैन को सक्रिय जवाबी हमले की यह उम्मीद नहीं थी। घरेलू सामान में से बड़ी वस्तुएँ फेंक चुकने पर छोटी-छोटी चीज़ नीचे फेंकना उनके लिए कोई मशक्कत नहीं थी, मनोरंजन था। खंड-ईंटों के छितराए चूल्हे भी भस्मावृत चिनगारी से बीड़ी सुलगाकर उसे वे बारी-बारी से पी रहे थे और बारहमासा के पद गुनगुना रहे थे—

"सावन हे सखि अति भयावन
निठुर पिय नहिं पास, यो !
चपल दामिनि, विकल भामिनि
ककर करती आस, यो !
मास भादो, कीच-काँदो..."

एक-एक कर खुरखुन ने दोनों को नीचे लुढ़का दिया और चिल्लाया—"जाओ, अपने-अपने नाना को बुला ले आओ ! हरामी ! कुत्ते ! गधे ! पाजी..."

मालगाड़ी का वह वैगन स्लेटी नहीं, गहरे-भूरे रंग का था। दूर से भी धुँधली चाँदनी में बॉक्सनुमा उसकी शकल-सूरत नीचे के अपने चारों पहियों पर बुरी नहीं लग रही थी।

मोहन माँझी और वह युवक अब भी खड़े थे। बाढ़-पीड़ित जनता की

भीड़ उनके आसपास बटुर आई थी। खुरखुन ने जिन्हें नीचे धकेल दिया था, स्टेशन के वे दोनों निचले कर्मचारी चुपचाप वहाँ से हट गए थे। छोटा बाबू स्टेशन के बरामदे पर खड़ा होकर चीख रहा था–घोघोन, छेड़े दाओ (छोड़ दो) : हियाँ (यहाँ) आ जाओ...हम डी.टी.एस. को फोन करता है...बिहान (सुबह) मिलिटरी आयगा तब माँब को लेसन देगा (भीड़ को सबक सिखाएगा)...हुआँ (वहाँ) जास्ती देर मत ठरा (खड़ा) रहो रे बुड़बक (भोंदू) ! ...मिलिटरी शैल रीच हीयर अर्ली इन द मौर्निंग...(मिलिटरी सुबह ज़रूर आ जाएगी)।

खुरखुन फिर नीचे कूद आया और गुर्राया–"देखें, कैसे हमें तोप से उड़ाती है मिलिटरी !..."

फिर अपनी उसी सहज मस्ती में वह उधर चार कदम बढ़ा जिधर बुढ़िया थी। इतनी देर भी वह खड़ी नहीं रह सकी, बैठ गई थी गीली गिट्टियोंवाली ज़मीन पर ही। खुरखुन ने बैठी हुई को ही अपनी बलिष्ठ बाँहों में उठा लिया और खाली डब्बे के अंदर उचकाकर बैठा दिया। जमे हुए स्वर में बोला–"बाबी (दादी), अब हमारी मर्जी के बिना कोई तुम्हें बाहर नहीं निकाल सकता...मैं अंदर आकर तुम्हारा बिस्तरा ठीक कर देता हूँ, बस अभी-अभी आया बाबी !"

तब उसने बीमार छोकरे को उठाकर डब्बे के अंदर रखा।

मोहन माँझी युवक से ज़रा हटकर अब भीड़ के बीचोबीच था। लोग आपस में अलग-अलग बातें कर रहे थे। वैसी हरकत के लिए रेलवेवालों की सख्त नुक्ताचीनी कर रहे थे लोग। स्वर और कहने के ढंग अलग-अलग थे, क्षोभ और क्रोध की मात्रा किंतु कमोबेश सबमें थी। दो-एक शंकित और आतंकित आवाज़ें भी मोहन के कानों तक आ चुकी थीं।

बिना किसी भूमिका के, अपनी देहाती भाषा में रेलवे-अधिकारियों की बर्बरता और मौजूदा सरकारी अकर्मण्यता पर मोहन माँझी ने कसकर शब्दों की चार चोटें दीं, अंत में लोगों से सीधे सवाल किया–"अब इस पर आपकी क्या राय है ? मिलिटरी कल सुबह न सही, शाम तक तो ज़रूर आ जाएगी। वह बंदूकों के बल पर तीनों डब्बे खाली करा लेगी। आप क्या करेंगे ?"

भीड़ चुप थी। इस चुप्पी का मतलब चालीस साला जननायक कामरेड मोहन माँझी अच्छी तरह समझ रहा था।

कुछ क्षणों की चुप्पी।

खुरखुन अब डब्बे के अंदर घुसकर दादी के लिए कम्बल बिछा रहा था। दूध-पीते बच्चे को दूसरी की गोद में डालकर वह चिलकाउर युवती लाइन के साथ दस कदम जाकर नीचे उतर गई...

चुप्पी अखरी तो युवक बोला—"मैं बताऊँ कामरेड ?"

माँझी उससे बिलकुल अपरिचित हो, बात ऐसी नहीं थी।

मैट्रिक के बाद उसकी पढ़ाई छूट गई थी। चार साल बाद दरभंगा कालेज में फिर से एडमिशन लिया तो अगले मार्च में ही वहाँ छात्रों की तरफ से जोरों का आंदोलन छिड़ा था। कालेज की प्रबंध-समिति ने कुछ-एक निर्दोष प्रोफेसरों को मुअत्तल करके मोम की अपनी नाक टूटने से बचा तो ली लेकिन 2500 छात्रों की उस विशाल जमात को उल्लू नहीं बना पाई। हारकर ग्रीष्मावकाश से डेढ़ महीने पहले ही छुट्टियाँ घोषित करनी पड़ी थीं। पिकेटिंग और गिरफ्तारियाँ क्या थीं, अच्छा-खासा तमाशा था। ठंडे दिमाग का दूरदर्शी डिस्ट्रिक्ट मजिस्ट्रेट पुलिस-अधिकारियों पर आदि से अंत तक अपना अंकुश डाले रहा, वरना लाठी चार्ज और बंदूकबाजी बीसियों बार हो चुकी होती। उसका कहना था, विद्यार्थी आखिर बच्चे ही तो हैं ! चीखें, चिल्लाएँ, बकें, गालियाँ दें, नारे लगाएँ, चिढ़ाएँ, मुँह बनाएँ, कोई परवाह नहीं ! दो घंटे नहीं, चार घंटे...दो रोज़ नहीं चार रोज़...जोश का धारा नीचे उतरेगा, घर बैठेंगे अपने आप...थोड़ा-बहुत नुकसान भी कर दें, कोई परवाह नहीं...उन्हें समझा-बुझाकर रास्ते पर लाओ !...नहीं मानें तो गिरफ्तार करके सही-सलामत जेल भेज दो...पाँच सौ से ज्यादा लड़के जेल चले गए थे। फुलपरास थाने के जमुआर गाँव का यह युवक चालीस रोज़ उस सिलसिले में जेल हो आया था। भुंइहार था जात का। ऊपर छाँह बाप की नहीं, विधवा माँ की थी.. .माँझी को लेकिन इस युवक का नाम नहीं मालूम था। बाकी जानकारी इधर-उधर से हासिल हुई थी।

नहीं बोलने दिया कामरेड ने उसे। वह दरअसल आम लोगों की राय मालूम करना चाहता था। खुरखुन ने उधर से कहा—"क्यों नहीं बोलने देते हो उसे नेताजी ? क्या कसूर किया है बेचारे ने ?"

भीड़ में से किसी की आवाज़ आई—"हाँ रामदहिन, तुम्हीं बतलाओ, अब क्या करना होगा..."

—हम सत्याग्रह कर देंगे...दूसरी आवाज़।

—हम आज ही रात डब्बे खाली कर दें...तीसरी आवाज़ फुसफुसाहट में डूबी हुई थी, फिर भी मोहन माँझी ने सुन ली।

—एक आध हममें से मरेगा तो मरेगा, हम भी मिलिटरी को मजा चखा देंगे...

—हाँ, बंदूक छीन लेंगे एक-एक के हाथ से।

—वे दस-बीस ही होंगे, हमारी तादाद सैकड़ों की होगी...

मोहन माँझी हँस पड़ा, कहा—"अच्छा, यह तो बताओ कि जिन्दगी भर इन डब्बों को खाली न करोगे ?"

खाँसती आवाज़ में कोई बोला—"पानी तो बाढ़ का पीछे हट ही रहा है, पाँच दिन की मुहलत दे हमें रेलवे...छठे रोज़ अपने डब्बे ले जाए वो..."

अब गंभीर स्वर में वह युवक (रामदहिन) कह उठा—"नहीं, पूरा सप्ताह लग जाएगा...हफ्ते भर की मुहलत चाहिए हमें !"

कई कंठों की मिली-जुली आवाज़—"हाँ, हफ्ते भर की मुहलत चाहिए !"

हाँ, हफ्ते भर की मुहलत चाहिए—खुरखुन भी बोला। वह डब्बे से नीचे उतर खइनी (सुर्ती) मसल रहा था। चुनौटी, अपनी जो थी, परसों रेती में लसकी हुई डोंगी को नीचे उतरकर धकेलते समय अंटी से कहीं खिसक पड़ी थी। जो कभी किसी पेटेंट मलहम से भरी होगी, टिन की वह छोटी-सी चुनौटी खुरखुन को याद आ रही थी। अब हर दो घंटे बाद ज़रा-ज़रा-सा चूना के लिए दूसरों के सामने हाथ फैलाना पड़ता था। अभी भी कई से पूछने के बाद किसी एक के पास से चूना मिला था।

मोहन माँझी चुप था, गंभीर।

"कामरेड ?"—रामदहिन ने कहा—"आप यह मत समझिए कि यह इस या उस गाँव के कुछ-एक लोगों का सवाल है। नहीं कामरेड, ऐसा नहीं है। बाढ़ में डूबे हुए कई गाँवों के सैकड़ों परिवार रेलवे कम्पनी के इस लंबे-ऊँचे बाँध पर बसेरा लिए हुए हैं। शरीर स्वस्थ हो तो फिर भीगते-सूखते जैसे-तैसे आदमी रह लेता है। मगर बीमारी की हालत में वह लाचार हो जाता है। मालगाड़ी के ये तीनों डब्बे हमने बीमारों के लिए ही दखल कर रक्खे हैं। हम रोगियों को खुली बाँध पर या प्लेटफार्म पर कैसे रहने दें ? आप ही बतलाइए कामरेड ?"

कुछ क्षणों की चुप्पी के बाद माँझी ने निचले जेब में हाथ डालते हुए कहा—"तो, हमें दो काम करने होंगे। पहला काम होगा शांतिपूर्वक पिकेटिंग करना (धरना देना), रेलवेवालों और मिलिटरी के जवानों को समझाएँगे-बुझाएँगे,

नहीं मानेंगे तो सामूहिक सत्याग्रह होगा। दूसरा काम है कलक्टर (जिलाधीश) से मिलना और रेलवेवालों के दुर्व्यवहार से उत्पन्न परिस्थितियों से उसे वाकिफ कराना, बीमार बाढ़-पीड़ितों के लिए तम्बू, रावती आदि की तत्काल व्यवस्था करवा लेना। इन कामों में सभी पार्टियों की सहायता आपको चाहिए और वह मिल भी सकती है।...रामदहिन यहाँ रहें और आपमें से दो जने मेरे साथ अभी एक बजे (रात) ट्रेन से दरभंगा चलिए। बाबू परमेश्वरीचरण मुख्तार पुराने और मशहूर कांग्रेसी हैं। साथ-साथ जेल में रहे, अपनी पुरानी जान-पहचान है। ईमानदार और निर्लोभी होने के कारण सबके दिल में उनके लिए श्रद्धा है। उनको साथ लेकर सुबह हम जिलाधीश से मिलेंगे...यहाँ रामदहिन हइए हैं..."

"बोलो रामदहिन ?"—कई आवाज़ें।

रामदहिन मुँह खोले और कुछ बोले, कि उससे पहले ही खुरखुन बोला—"कोई बात नहीं रामदहिन बबुआ, मैं कल दिन भर तुम्हारे साथ रहूँगा ...कल चाहे नेहरूजी ही क्यों न आकर डोंगी पर बैठ जाएँ, मैं नहीं खेने का ! कल तो मुझे देखना यह है कि कैसे मलेटरीवाले डब्बे खाली कराते हैं..."

मोहन माँझी ने खुद आगे बढ़कर खुरखुन की पीठ थपथपाई और भीड़ को संबोधित किया—"भाइयो, इनको आप लोग पहचानते हैं ? नहीं ? अरे यह मलाही-गोंढ़ियारी के बहादुर मछुआ खुरखुन तीयर हैं।"

बीच में ही एक गहरी फुसफुसाहट उभर आई भीड़ पर—"खुरखुन ! खुरखुन तीयर ! जो पानी में मगर को पछाड़ते हैं--वही न ? कि दूसरा कोई ?"

"...हाँ, हाँ, वही बहादुर"—मोहन माँझी ने कहा—"तो अपना काम छोड़कर खुरखुन कल समूचा दिन आप लोगों के साथ गुजारेंगे। रामदहिन तो खैर रहबे करेंगे...क्यों रामदहिन बाबू ?"

—हाँ कामरेड !

—और, मेरे साथ दरभंगा किस-किसको भेज रहे हैं ?

—पंद्रह मिनट के अंदर ही आपको बता रहा हूँ कामरेड !

—तो, अब हम खाना खाने जाते हैं...आप वहीं मिलिए !

—जी ! चलिए...

नीरस रसोई पकाकर आया था और माँझी के पास ही खड़ा था। बीच-बीच में दो-तीन बार उँगली से गोदकर उसने चलने का इशारा किया था।

अब माँझी चले तो भीड़ भी अपने आप छितरा गई।

स्टेशन से बाहर ज़रा हटकर भारत सेवक समाजवालों का कैंप था। कैंप के करीब ही नीरस ने खाना पकाया था। भात और मछली का झोल, आलू का ज़रा-ज़रा-सा भर्ता। थाली एक ही थी, पीतल की। वह नेताजी के सामने रखी गई। खुरखुन का खाना पुरइन (कमल) के पत्ते पर परोसा गया था। नीरस ने खुद पीछे खाना खाया।

खुरखुन ने कैंप से एक कुर्सी ला रखी तो मोहन माँझी ने उस पर बैठने से इनकार किया। ज़मीन पर सभी साथ बैठे और बातें होती रहीं। रामदहिन के साथ तीन-चार जने और आ गए थे।

ट्रेन आई तो माँझी और रामदहिन के दो आदमी दरभंगा चले गए।

अगले दिन खुरखुन ने जोर-जबर्दस्ती छुट्टी ले ली कैंपवालों से और रामदहिन के साथ मोर्चे पर डटा रहा।

मिलिटरी के आठ जवान सवेरे की ट्रेन से आ धमके, साथ रेलवे का अपना मजिस्ट्रेट भी आया था। उसने पब्लिक को बारह घंटे का वक्त दिया। बाकी स्टेशनों पर भी जहाँ कहीं मालगाड़ी के डब्बे बाढ़-पीड़ित जनता के अधिकार में थे, इसी तरह मिलिटरी के जवान उन्हें खाली करवाने आए थे।

गनीमत यह हुई कि शाम तक कलेक्टर का आदेश बाढ़ग्रस्त क्षेत्र के इन स्टेशनों में आ पहुँचा कि तीन दिन की पूरी मुहलत और उसके बाद दो दिनों में धीरे-धीरे डब्बे खाली करा लिए जाएँ।

रेलवे की जमा-पूँजी और माल-असबाब की हिफाजत के नाम पर फिर भी मिलिटरी के जवान डटे रह गए। खुरखुन और रामदहिन पर स्टेशन का समूचा स्टाफ रंज था। वे उन दोनों को गिरफ्तार करवाने में कामयाब तो रहे मगर चौबीस घंटे की हिरासत के बाद डिविजनल कोर्ट ने उन्हें छोड़ दिया। चौथे रोज मोहन माँझी और खुरखुन साथ ही घर आए।

दस

देपुरा से आधा कोस उत्तर खैर-महुआ-सीसम-साहड़-पितोझिया आदि पेड़ों से घना जंगल था एक पुराना और सुरक्षित।

जंगल के बीचोबीच पुराना पोखर था छोटा-सा। पुराना होने पर भी उसका पानी स्वच्छ था। गर्मियों में भी सूखता नहीं था। बल्कि पास-पड़ोस के पोखरों का हाल जब बुरा से बुरा हो जाता तो प्यासे प्राणी उसकी शरण में आते।

बस्तियों से अलग और घने जंगल के मध्य में होने के कारण मछुए इस जलाशय को ठेके पर नहीं लेते थे। एक बार जोश में आकर भोला ने दो सौ नकद गिन दिए और देपुरा के ज़मींदार से साल भर के लिए यह पोखर बंदोबस्त ले लिया। अगहन में तालमखाना के बीज डाल दिए। मगर सावन-भादों तक तैयार फसल का मौसम आते-आते बंदरों और चरवाहों ने तालमखाना के सारे कोए उड़ा डाले ! भोला के पचीस रुपए भी वापस नहीं आए।

बाढ़ के दिनों में उस जंगली पोखर का मुँह भुतही बलान की धारा से जुड़ जाता था। इस दफे सावन ही में एक भारी मगर घुस आया तो फिर निकल नहीं सका।

धीरे-धीरे उस जल-दानव की चर्चा आसपास फैलने लगी। पहले एक चरवाहा छोकरा उसका ग्रास बना, फिर एक गाय और तब जंगल में घूम-घूमकर कंडे चुननेवाली एक औरत।

दुर्गापूजा से दो रोज पहले खुरखुन को चौथी बार बुलावा आया तो वह अपने को रोक नहीं सका। मगर का शिकार करने में खतरा तो रहता था, लेकिन उसकी तबियत इससे रत्ती-भर भी घबराती नहीं थी।

भोला के बैठकखाने में पुरानी भारी-भरकम-सी संदूक पड़ी रहती थी लकड़ीवाली। खुरखुन ने उसमें से मगर की खाल के बने खोल निकलवा लिए, बाँस की लंबी मोटी सुई (सूआ) अपने घर से ले ही ली थी।

नीरस, रंगलाल, मंगल, चुल्हाई आदि दस-बारह जने साथ हो गए। दो बाँस और लंबा-मोटा रस्सा और घड़िया में पीने का पानी...बस, और किस चीज़ की ज़रूरत थी ?

आसिन की पीली सुनहली धूप...डेढ़ पहर दिन उठा था।

सभी ने साथ ही जंगल में प्रवेश किया।

मंदिर नज़र आते ही मंगल गरजा—"बम् बम् बम् ! बोल प्रेम से बाबा उरबसी नाथ की..."

"ज्जै !..." बाकी लोगों ने कहा।

"शंकर बंभोले की..."

"ज्जै !"

"बस भाई, बस करो !" खुरखुन ने कहा, "ज्यादा चीख-पुकार मचाते जाओगे तो मग्गर कीचड़ में दुबक रहेगा, फिर हाथ नहीं लगने का !"

मंगल ने कहा, "पहले बता दिया होता। अच्छा, अब कोई हल्ला-गुल्ला न करे भाई !"

थोड़ा आगे बढ़ने पर पोखर दिखाई पड़ा।

पच्छिम और दक्खिन कोने पर झाड़ी-झुरमुट काफी घनी थी। खैर, बेल, पितौझिया, तून, इमली, सेमल आदि के मोटे-पतले छोटे-बड़े झाड़ सुदिन-दुर्दिन के साथियों की तरह आपस में गुँथे खड़े थे। जंगली जानवर उधर से ही पोखर का पानी पीते होंगे, देखकर यह कोई भी बता सकता था।

खुरखुन को विश्वास हो गया कि मगर का बसेरा पोखर के दक्खिन-पच्छिमवाले इसी कोने में होगा। इशारे से उसने सबको उधर बुला लिया।

बाँहों में मगर की खाल के खोल डाल लिए, हाथ में मज़बूत डोरीवाला वही सुआ। आहिस्ते-आहिस्ते पानी के अंदर धँसा।

पहले-पहल तो पैर बित्ता-डेढ़ बित्ता कीचड़ में चँप गए, आगे कीचड़ कुछ कम था। पानी हल्का नहीं, भारी था। स्वाद कसैला-सा। गोताखोर खुरखुन पानी के अंदर ही अंदर पचीस गज का चक्कर मार आया...कीचड़ ही कीचड़। पोखर के पेट में खुरखुन को और कुछ नहीं दिखाई पड़ा। पानी के भीतर अपने एक हाथ और एक पैर के पंजे हिला-हिलाकर उसने अपनी निगाहों को परखा। पंजे दो-ढाई गज के फासले तक दीख रहे थे। उँगलियों की रेखाएँ तो नहीं, आकार साफ-साफ नज़र आए। खुरखुन को तसल्ली हुई।

धड़ को गर्दन तक पानी के अंदर रखकर सिर बाहर निकाला। रुकी हुई साँसें ज़ोरों से छूटीं तो नाक के सामने पानी पर खूब-खूब-सा दबाव पड़ा।

थोड़ी देर के बाद साँसें अपनी सहज गति में आ गईं तो फिर गोता लगाया। अब की चक्कर में न जाकर, सीधा गया। फिर वापस मुड़कर उधर को रुख किया जिधर झुरमुट काफी घना था। किनारे का वह हिस्सा डरावना लगता था। तून, जामुन और गूलर के चार-पाँच बौने-कुबड़े पेड़ पानी पर दूर तक झुके पड़े थे। ऐन किनारे से लगी हुई उस झुरमुट के अंदर गीली ज़मीन में मगर की माँद हो सकती थी।

हाथ के इशारे से खुरखुन ने उधर आने को साथियों से कहा।

हाथों से रस्सा सँभाले वे झुरमुट के करीब आकर खड़े हो गए।

अनजाने मंगल ने सीटी बजा दी तो चुल्हाई ने उसे डाँटा। आसपास से आकर बीसियों चरवाहे इकट्ठे हो गए थे। आपस में वे खुसुर-फुसुर करने लगते तो नीरस हाथ हिला-हिलाकर बीच-बीच में उन्हें रोका करता।

खुरखुन का अंदाज ठीक निकला।

उथल-पुथल से आराम में खलल पड़ा तो मगर भी परेशान हुआ और पानी के अंदर आड़े-तिर्छे और सीध में दौड़ने लगा।

यों, इस पोखर में आए उसे तीन महीने हो रहे थे। यहाँ शिकार की भी कमी नहीं थी और आराम भी था। आस-पास दो-तीन मील कोई ताल-तलइया नहीं थी। भारी पाँतर के बीच पड़ता था यह जंगल। आठ-दस गाँवों के मवेशी चरने निकलते तो पानी यहीं आकर पीते। नेवला-खरगोश से लेकर गाय-बैल आदमी तक...मगर को आहार कुछ न कुछ मिल ही जाता था।

एक जगह पानी की सतह पर छोटे-छोटे बुलबुले बेहद फुर्ती से उभर रहे थे। खुरखुन ने सूआवाले हाथ से लक्ष्य ठिकियाकर डुबकी लगाई और उस तरफ बढ़ा।

पूँछ नज़र आई मगर की तो तिर्छे होकर वह एक तरफ को दुबक गया। उसने फिर अपनी कोहनी आगे कर दी और उसे हिलाता-डुलाता रहा।

हल्का-हरा शीशा-सा पानी का भीतरी दृश्य मगर की असली सूरत को खिलने नहीं दे रहा था। छायामय आकृति भीतर-ही-भीतर नज़र आ रही थी।

हिलती-डुलती कोहनी की ओर मगर का फैला हुआ मुँह बढ़ा आ रहा था कि खुरखुन ने सीधा किया...बड़ी सफाई से मगर की आँख में उसने सूआ घोंप दिया और मुँह के अंदर से निकाल लिया। फुर्ती से डोरी में गाँठ डाल दी और बाहर आ गया।

नीरस ने फौरन रस्से का छोर खुरखुन की तरफ फेंक दिया तो सूएवाली डोरी का सिरा रस्से के छोर में बाँधकर वह किनारे आ गया।

बाँहों में खाल के खोल, कमर में अँगोछा। साँवली सूरत, चौड़ा चेहरा। पाँच हाथ लंबा, मज़बूत काठी का अधेड़। बाएँ कंधे पर घाव का पुराना निशान...बालों का पानी समूचे शरीर की लंबाई का फासला तय करके पैरों के रास्ते ज़मीन को भिगो रहा था। देर तक डुबकियाँ लगाते रहने से आँखों के कोए लाल-लाल हो रहे थे।

नीरस, रंगलाल, मंगल, चुल्हाई वगैरह दस-बारह आदमियों ने रस्सा खींचकर मगर को घसीट लिया।

नौ हाथ लंबा, लगभग पंद्रह मन भारी। दाँत और जबड़े बड़े विकराल

लग रहे थे। शरीर के अनुपात में आँखें बेहद छोटी और गोल थीं। बदन का ऊपरी हिस्सा खुरदरी चकत्तियोंवाला और मूँग के छिलकों की-सी सूरत का। पेट के तरफ का हिस्सा चिकना, मटमैला। छोटी-छोटी चार टाँगें।

चुल्हाई और मंगल उसे बाँसों से पीटने लगे। प्रतिरोध में सिर्फ पूँछ हिलती-डुलती, उठती-पड़ती रही।

खुरखुन गीला गमछा छोड़कर धोती पहन चुका था। कोहनियों से खाल के खोल उतारकर उन्हें उसने मंगल के हवाले कर दिया।

रस्सों से बाँध-बाँधकर मगर को बाँसों के सहारे वे देपुरा टाँग ले गए। पोखर तो आखिर ज़मींदारों का था न।

लाश खुरखुन को नहीं मिली, मिले पाँच रुपए। पारितोषिक था यह।

मछुए लौट आए तो मगर ट्रक पर लादकर राजा बहादुर नकुलेश्वर सिंह के दरबार में भेज दिया गया। राजा बहादुर शिकार के पुराने शौकीन और देपुरावालों की अपनी बिरादरी के थे।

जो हो, पानी के उस राक्षस से पास-पड़ोस की जनता को छुटकारा मिला। खुरखुन तीयर के लिए यही बहुत था।

ग्यारह

गंगा सहनी का परिवार बड़ा था और आमदनी भी कम नहीं थी। हर साल इलाके के पाँच-सात बड़े-पुराने पोखर वह बंदोबस्त लेता और उनमें तालमखाना की फसलें उगाता। कानपुर और कलकत्ता के मेवे के थोक सौदागर तालमखाना का उसका सारा ढेर खरीद लेते।

गढ़पोखर के मामले में देपुरा के ज़मींदारों ने गंगा सहनी को फोड़ लिया। सहनी को फुसलाया गया कि उसे ग्राम पंचायत का मुखिया बना दिया जाएगा। उसका लड़का मिडिल (दर्जा 7) पास करके हाईस्कूल में दाखिल हुआ था, उन्होंने फीस-वीस माफ करवा दी। मेंबर बनाकर खुद गंगा को थाना-कांग्रेस की वर्किंग कमेटी में ले लिया।

अब गंगा के बैठकखाने में कांग्रेसी दैनिक 'राष्ट्रवाणी' दिखाई पड़ने

लगा। 15 अगस्त को लंबी-पतली हरी-हरी 'चाप' (बाँस) बैठकखाने की अँगनई में गड़ गई और उसमें तिरंगा झूल गया। दीवारों पर काली माई और जगन्नाथजी की तस्वीरों के अगल-बगल कांग्रेसी नेताओं के फोटो जगमगाने लगे।

गंगा के असर में पाँच-सात जो भी परिवार थे, उनका भी रवैया साफ हो गया। वे उसके साथ थे। नौजवानों की गाने-मचलने और हँसने-बकनेवाली मौजी जमात 'बजरंग-मंडली' में भी फूट पड़ गई। मृदंग-मँजीरा, ओथी-पोथी, चटाई-आसनी...सबके तीन हिस्से हुए। गंगा के दल में मछुओं की आबादी का तृतीय अंश पड़ा था। इसी से उसकी पार्टी के छोकरों को बजरंग-मंडली की जमा-पूँजी में से तिहाई मिला।

भोला और नकछेदी को साधारण मछुआ-परिवारों का समर्थन प्राप्त था। मोहन माँझी को दुख ज़रूर हुआ, लेकिन ऐसा नहीं कि अक्ल को लकवा मार जाता। खुरखुन, नीरस वगैरह अपनी रोजी-मजूरी को लेकर व्यस्त रहते थे। मौका पाकर भोला के बैठकखाने में या स्कूल के अहाते में जुटते। दस बातें कानों में पड़तीं तो दो निकलतीं भी। भारी-भारी कदमों से जाते, हल्के-फुल्के वापस लौटते।

मधुरी को लेकिन इस घटना से काफी तकलीफ पहुँची। गंगा के बारे में उसके मन में पहले से ही खटका था। सतघरा के ज़मींदारों से पुश्तैनी रप्त-ज़ब्त था। गंगा सहनी का यह कोई नया रसूख नहीं था। सच पूछिए तो उसी के भरोसे सतघरावालों ने गढ़पोखर के मामले में अपनी नाक घुसेड़ी थी।

बाढ़-पीड़ितों की सहायता के लिए मोहन माँझी ने गढ़पोखर की भिंड पर जो कैंप चालू किया था वह पंद्रह आसिन तक चलता रहा। एक सौ सत्तावन रुपए साढ़े दस आने नकद रकम बच गई थी। डेढ़ सौ रुपए रबी की फसलों के लिए बीज खरीदकर किसानों में तकसीम कर दिए थे। सात रुपए साढ़े दस आने किसान-सभा की थाना-कौन्सिल के खाते में डाल दिए गए। बाढ़-पीड़ितों की मदद के लिए बनी हुई कमेटी का सर्वसम्मति से विसर्जन हुआ।

मधुरी के लिए ही नहीं, मलाही-गोंढ़ियारी के तमाम तरुणों-तरुणियों के लिए सार्वजनिक कामों की ट्रेनिंग का एक अच्छा सिलसिला अपने आप चालू हो गया था। अब कैंप की प्रवृत्तियाँ खत्म घोषित हुईं तो अगले ही दिन मछुआ संघ सामने आ डटा। बाढ़-पीड़ितों की सहायता-समिति ने अपने कैंप

की दोनों कुटीरें संघ को खुशी-खुशी दे दीं। संघवाले दोनों कुटीरें पूर्वी-उत्तरी भिंडों पर से उठा लाए और सुभीते की जगह देखकर दक्खिनी भिंड पर, आबादी के करीब ही आधी भीतोंवाली एक कुटीर खड़ी कर ली। यह मछुआ-संघ का दफ्तर भी हुआ और अड्डा भी।

मछुओं का संघ सत्तर मेंबरों का संगठन था। छोटी कमेटी नौ सदस्यों की थी। सभापति भोला सहनी, मंत्री नकछेदी जलुआ, उपमंत्री जलेसर निषाद, कोषाध्यक्ष मधुरी। कमेटी के बाकी पाँच मेंबर थे नीरस, मुसम्मात जितिया, खुरखुन, मंगल और कन्हाई माँझी। कन्हाई मोहन माँझी का चचेरा भाई था। गंगा के बाद मलाही का दूसरा प्रभावशाली व्यक्ति वही था। मंगल 'बजरंग-मंडली' का मुखिया और बिरादरी का सबसे समझदार युवक होने के कारण कमेटी में लिया गया था, भोला सहनी का सुपुत्र होने के कारण नहीं। मधुरी को छोड़ने के लिए वे तैयार नहीं थे, क्योंकि बाढ़वाले कैंप में उसने भारी नाम कमाया था। वह अनपढ़ थी, फिर भी मोहन माँझी आदि, नकद रकम सँभालने की जिम्मेवारी अंत तक मधुरी पर ही डाले रहे। खुरखुन और नीरस भीमकर्मा टाइप के ऐसे जवाँ-मर्द व्यक्ति थे जिन्हें अपनी बिरादरी प्यार से दैत (दैत्य) कहा करती। मुसम्मात जितिया धनी बाप की इकलौती विधवा बेटी थी।

मोहन माँझी संघ का परामर्शदाता अवश्य था मगर अपनी एक भी राय यूँ ही किसी पर लादने का शौक उसे न पहले था, न अब था, और यहाँ तो भला व्यक्ति की नहीं बल्कि समूचे संगठन की बात थी। अब वह इस कोशिश में था कि गढ़पोखर के अपने सनातन अधिकारों की मान्यता का मछुओं का यह संघर्ष देश की आम मेहनतकश जनता की सामान्य जद्दोजहद से अलहदा न रह जाय।

अढ़ाई-तीन साल पहले इन इलाकों में सरकार की तरफ से तकावी बँटी थी। चुनाव कांग्रेस के सिर पर था, देहात की जनता के हर एक वर्ग ने कई रूपों में 'पत्र-पुष्प' प्राप्त किए थे। अब इस वर्ष सेक्रेटेरियट के उन्हीं हाथियों पर उलटी सनक सवार थी। तकावी की रकम वापस लौटाओ वरना खड़ी फसलें कुर्क कर ली जाएँगी...किसानों में सर्वत्र गुस्से की लहर दौड़ रही थी कि तकावी की रकम इतनी जल्दी नहीं लौटाई जा सकती। संबंधित जिला अधिकारियों से इस प्रसंग में किसानों की झड़प हो गई थी, कई जगहों पर।

मोहन माँझी ने थाने-भर के किसान प्रतिनिधियों का वार्षिक सम्मेलन तमुड़िया से दो मील उत्तर बस्ती कुसोथर के बाहरी मैदान में किया था।

कान्फ्रेन्स में मलाही-गोंढ़ियारी से सौ किसान मेंबरों के पाँच प्रतिनिधि शामिल थे। पचास गाँवों के किसान और खेत-मज़दूर। औरतों में किसान-सभा के उद्देश्यों तथा कर्तव्यों का प्रचार करने के लिए, साथ ही कान्फ्रेन्स के लिए अनाज और नकद रकम उगाहने के लिए तीन महिला किसान-सेविकाएँ आई हुई थीं। लक्खीसराय (मुंगेर) की शन्नी भाभी, कहलगाँव (भागलपुर) की कामरेड अपर्णा और कमतौल के किसान साथी पुरुषोत्तम पाठक की नवेली दुलहिन हेम। हफ्ता-डेढ़ हफ्ता ही वे घूमी थीं, चार-पाँच रोज मधुरी ने भी उनका साथ दिया था। पाँच मन चावल, ढाई मन मडुआ (राँगी), तीन मन मकई, छै पसेरी अरहर, पाँच पसेरी चने, नकद रकम तिरासी रुपए नौ आने ...महिला किसान-सेविकाओं ने काफी सामग्री वसूल की थी और कान्फ्रेन्स के पैंसठ प्रतिनिधियों और सत्रह अभ्यागतों को चार वक्त खाना खिलाया था।...किसान प्रतिनिधियों ने एक प्रस्ताव द्वारा सरकार से अपील की थी कि कम से कम पाँच वर्षों तक की मुहलत तकावी वसूली के लिए ज़रूर मिलनी चाहिए। इस निश्चित अवधि के बाद किसान तकावी की यह रकम अपनी सुविधा के अनुसार कई किस्तों में लौटाएँगे। एक दूसरे प्रस्ताव द्वारा गढ़पोखर के तथाकथित नए मालिकों को यानी सतघरा के ज़मींदारों को सम्मेलन ने आगाह किया था कि वे युग की आवाज़ को अनसुनी न करें, मलाही-गोंढ़ियारी के मछुओं को गरोखर से मछलियाँ निकालने के पुश्तैनी हकों से वंचित करने की उनकी कोई भी साजिश कामयाब नहीं होगी। रोजी-रोटी के अपने साधनों की रक्षा के लिए संघर्ष करनेवाले मछुए असहाय नहीं हैं, उन्हें आम किसानों और खेत-मज़दूरों का सक्रिय समर्थन प्राप्त होगा...

किसानों की इस कांफ्रेंस का सदर होकर पधारे थे प्रख्यात जन-नायक साथी कालीप्रसन्न सिंह। व्यक्तिगत और देवोत्तर जायदादों के नाम पर जमींदारों की मौजूदा सरकार ने जो अकारण छूट दे रखी है, कामरेड सिंह ने उसकी सख्त आलोचना की और अपने भाषण में मलाही-गोंढ़ियारी के मछुओं को ही गढ़पोखर का असल मालिक बतलाया। क्या स्थानीय, क्या आगंतुक, सभी वक्ताओं का यही रुख था, गरोखर के बारे में।

पाँच प्रतिनिधियों के अलावा भी तीस-चालीस आदमी मलाही-गोंढ़ियारी से कुसोथर पहुँचे थे। बड़े ध्यान से उन्होंने नेताओं की तकरीरें सुनी थीं। प्रतिनिधियों की मीटिंग में दोनों दिन छै-छै घंटे वार्षिक रिपोर्ट पर और प्रस्तावों पर जमकर बहस चली थी, लेकिन खुले अधिवेशन में वक्त की कमी के कारण प्रस्ताव पढ़े भर गए, कुछ-एक प्रस्तावों का खुलासा आम लोगों

के लिए अपेक्षित था। जल्दबाजी में वह हो नहीं सका।

कांफ्रेंस के बाद मलाही-गोंढ़ियारी की संयुक्त बस्तियों के लिए किसान सभा की एक ग्राम-कमेटी संगठित हो गई। भोला ने अपने बैठकखाने की बाहरवाली छोटी कोठरी दफ्तर के लिए दे दी। नकछेदी प्रधान चुने गए और मंगल सेक्रेटरी। इस कमेटी में भी मधुरी को समेट लिया गया।

बारह

अगहन की पूर्णिमा को गुजरे दो ही तीन रोज हुए थे कि मंगल के घर लड़का पैदा हुआ। छठी धूमधाम से हुई। भोज-भात, नाच-गाना, हँसी-खुशी।... पाहीटोल का मशहूर नटुआ जुगेसर दल-बल के साथ बुलाया गया, भागलपुरी तसर की जोड़ी चादर और सौ रुपए नगर मिला उसे। मंइञा बार-बार कहती, "बस, मैं तो इसी का मुखड़ा देखने को अब तक जिंदा थी।" गौनड़ बाबा बिरादरी में सबसे बूढ़े थे। नवजात शिशु को बाहर बैठक में ले जाकर जिलेबिया ने उसे उनके सामने कर दिया, "बाबा, असिरबाद दो।"

हुलास में भरकर गौनड़ ने उसके लाल-मुलायम तलवों में अपनी सूखी-साँवली नाक भिड़ा दी और बोला, "हम तो बस पोखरों, चभच्चों और उथली-छिछली नदियों तक ही रहे, तू लेकिन कप्तान बनकर सात समुंदर छान डालेगा।"

मधुरी तो इतनी खुश थी कि दस-बारह दिनों तक हर शाम को नवजातक की सम्वर्द्धना में उसने 'सोहर' गाया था। एक दिन मंइञा से कहा, "बाबी, मुझे क्या इनाम मिलेगा ?"

"तू इसी को रख ले," मंइञा के बदले मंगल की माँ ने जवाब दिया।

"चाची, अगर मैं सचमुच ही इसे उठा ले गई तो ?"

"नहीं, नहीं, नहीं..."

छोटी लड़की सिलेबिया ने जोरों से प्रतिवाद किया तो सभी हँस पड़ीं। वह फिर ठुनककर बोली, "टूनू को लेकर तुम जेहल चली जाओगी, ऊँ ऊँ ऊँ..."

भतीजे का यह नामकरण छोटी बुआ की तरफ से प्यार की हदबंदी का सबूत था। मधुरी ने इस पर मुस्कुराकर कहा, "मछुए का लड़का-पोता होकर जेहल से भला क्यों डरेगा यह ?"

"जेहल-दामुल से डरे इसका दुश्मन।" चूल्हे के निकट से सिलेबिया ने कहा तो मधुरी एकाएक गंभीर हो गई।

उसके दिमाग में एक युवक मछुए का डरपोक चेहरा नाच उठा...अपने बौड़म पति का प्रभावहीन मुखड़ा।...कुसुस कक्कड़ का दीप्त मुखमंडल याद आया। 'लात मारो सालों को'—उसने कहा था।...मनुहार से गीली मंगल की आँखें...गिड़गिड़ाता हुआ चुल्हाई...नहीं, अब वह कभी उस नशाखोर बुड्ढे की लात-वात बर्दाश्त करने नहीं जाएगी...फिर से शादी कर लेगी किसी दिलेर-नेकचलन और मेहनतकश जवान से...और, बगैर मर्द के कोई औरत अकेली ज़िंदगी नहीं गुजार सकती है क्या ?...

पचीसों प्रकार की बातें मधुरी के दिमाग में चक्कर काटने लगीं। वह देर तक सोच-विचार में गुम रह जाती, लेकिन सिलेबिया को क्या सूझा कि एकाएक उसने टूनू को मधुरी की गोद में डाल दिया, "लो भी तो।"

हुक्का गुड़गुड़ाकर मंइआ ने कहा, "लात-वात बर्दाश्त करके भी लड़कियों को ससुराल में रहना चाहिए बेटा।"

इस पर जिलेबिया ने अपनी दादी को मुँह बनाया और गर्दन दूसरी तरफ फेर ली।

जंगल स्कूल से अभी-अभी लौटा था। किताबों का बस्ता ओसारे में पटककर मधुरी की ओर लपका। नाटकीय ढंग से आँखें नचा-नचाकर कहने लगा, "मलेटरी आ ई है ऐ ऐ ऐ। पहले मधुरी बहन ही गिरफ्तार होगी ी ी ी...."

"भक् लबरा कहीं का," माँ ने फटकारा।

"तेरी कसम माँ !"

"भक् !"

"नहीं माँ, सच कहता हूँ ! तेरी कसम !"

"सच मधुरी, मलेटरी आनेवाली थी ?"

स्वीकार की मुद्रा में मधुरी का माथा हिला तो मंगल की माँ चुप ही नहीं बल्कि उदास हो आई।

"जरा देखूँ चलके काकी।" मधुरी ने लाल-गुलाबी शिशु को उसकी दादी के जुड़े-मुड़े हाथों और बाँहों पर डाल दिया और उसके गाल चूम लिए।

पलक मारते वह भोला के आँगन से बाहर निकल आई और गरोखर की ओर चल पड़ी। आज जाने क्यों, मंगल का वह धौरा कुत्ता मधुरी के साथ हो लिया। इससे पहले वह बैठकखाने के अंदर कुकुर-कुंडली मुद्रा में बैठा था।

आवाज़ सुनाई दी –"कब तक लौटेगी बहन, माँ पूछ रही है ?"

हाथ के इशारे से मधुरी ने बताया कि थोड़ी देर बाद।

शाम होने में अब अधिक देर नहीं थी। धान की फसलें अच्छी नहीं हुई थीं इस बार, फिर भी खलिहानों में थोड़ी-बहुत चहल-पहल थी ही। खेतों से ढोकर लाए जाते वक्त हिलने-डुलने में बोझों से खिसककर गिरे-पड़े धान के इक्के-दुक्के शीश (बालियाँ) कहीं-कहीं नज़र आ रहे थे। शरद् ऋतु में दिखाई पड़नेवाले जल-पक्षियों का मौसम खत्म हो रहा था तो भी उनकी चहचहाहट धनहा चौर की दिशा से बीच-बीच में सुनाई पड़ ही जाती।

मछुओं ने हमेशा की तरह चिलमन खड़ी करके चौर में अब के भी मछलियाँ घेर रखी थीं। बहन को आवाज़ लगाकर तीरा धनहा चौर की तरफ चली गई, दक्खिन की ओर। शाम तक मछलियाँ ले आने की बात न होती तो वह भी गरोखर की भिंड पर जाकर अपनी आँखों से गिरफ्तारियाँ देखती।

मधुरी स्कूल के नज़दीक पहुँची। भिंड से नीचे सड़क पर मिलिटरी का ट्रक खड़ा था। खाकी वर्दी का फौजी ड्राइवर नीचे उतरकर बीड़ी फूँक रहा था।

पुलिस और मिलिटरीवालों में से तीन के सिरों पर टोप थे, सात के लोहा-टोप और तीन के लाल पगड़ियाँ। टोपवालों की कमर से पिस्तौल लटक रही थी, लोहा-टोपवाले बंदूकों से लैस थे और लाल पगड़ीवाले लाठियाँ सँभाले हुए।

लगता था कि मलाही-गोंढ़ियारी के सभी मर्द जमा हो गए हैं। पाँच-सात औरतें भी अलग खड़ी थीं। छोकरे-छोकरियों की संख्या भी कम नहीं थी। मंगल, नकछेदी, जलेसर, कन्हाई...कमेटी के चार ही जने वहाँ मौजूद थे। मधुरी उन्हीं के साथ आके खड़ी हो गई।

नीरस और खुरखुन एक पड़ौसी गाँव के पोखर में मछलियाँ मारने गए हुए थे। भोला गया था लहेरियासराय, इन्हीं मुकदमों के सिलसिले में। बाबू परमेश्वरचरण मुख्तार ने माल-मंत्री के नाम निजी खत लिखकर अपने भतीजे को साथ कर दिया तो मोहन माँझी पटना गया था। यह सब गरोखर से संबंधित बातें थीं।

अगहन से मछुए बड़ी मछलियाँ निकालना शुरू कर देते हैं। इस वर्ष आधे अगहन के बाद गढ़पोखर में जाल गिरने लगे थे। मछलियाँ निकलती भी खूब थीं। सतघरा के ज़मींदारों का धीरज बाँध तोड़ चुका था। दस रोज पहले ही वे दफा 144 लागू करवा चुके थे। किसी भी पक्ष के लिए गढ़पोखर के अंदर जाल डालना तब तक वर्जित बताया गया था जब तक कोर्ट अपना फैसला न दे दे। मगर मछुए एक दिन के लिए भी इस प्रतिबंध को मानना नहीं चाहते थे। गढ़पोखर की मछलियाँ उनके लिए जीविका का प्रमुख साधन थीं। नए मालिक डरा-धमकाकर, मुँह के कौर छीनकर, छाती पर संगीन की नोक का दबाव डालकर, फुसला-बहकाकर चाहे कैसे भी हो, मछुओं से अपना प्रभुत्व मनवा लेने पर आमादा थे। जिस दिन दफा 144 लागू करने का नोटिस निकला, उसके दूसरे ही दिन दरभंगा से सशस्त्र पुलिस के दो जवान गढ़पोखर पर आ धमके थे। यहाँ का हालचाल मालूम करके उनका दिल मछुओं के साथ हो गया था। मंगल, चुल्हाई, मधुरी वगैरह से उन्होंने साफ-साफ बता दिया था कि दिन के उजाले में नहीं, रात के अँधेरे में चाहे जैसे और जितनी मछलियाँ निकलवा लो, उन्हें कोई एतराज नहीं होगा; बंदूक सिरहाने के नीचे दबाकर वे ठाठ से सोते रहेंगे।...और यही क्रम चल भी रहा था। गंगा सहनी और उसके आदमी सतघरावाले मालिकों तक सारी खबर पहुँचाते रहे तो अब मछुओं पर लूट और गैर-कानूनी कार्रवाइयाँ करने का अभियोग लगाया गया था। सतघरावाले भूमिहार थे और देपुरावाले मैथिल। दरभंगा से लेकर पटना तक इन दोनों जातियों के प्रभुतालोभी उच्च तथा मध्यवर्ग कब आपस में लड़ पड़ते थे और कब सुलह कर लेते थे, बताना मुश्किल है। इस वक्त लेकिन दोनों जातियों के मुखियों का शासन के क्षेत्र में अंशतः संयुक्त मोर्चा चल रहा था। गरोखर के झमेले में भी उनकी यह फसली एकता नए-नए गुल खिला रही थी। तभी तो इतनी शीघ्र वे जिला-अधिकारियों से इस प्रकार की पुलिस-कार्रवाई करवा ले रहे थे। गनीमत यही थी कि इन मामलों में हाईकोर्ट का रुख इधर बहुत अच्छा था। रोसड़ा-नरहन इलाके में इसी से मिलता-जुलता एक मुकदमा हाल ही में मछुओं ने हाईकोर्ट से जीता था, उसमें भी मछुओं के मौरूसी हकों को नज़रअंदाज करके जिला-अदालत ने ज़मींदारों के पक्ष में फैसला दिया था। कामरेड मोहन माँझी और भोला पिछले महीने पटना पहुँचकर जनता के पक्षधर प्रख्यात एडवोकेट धीरेंद्रनारायण सिंह से सलाह-मशवरा ले आए थे।

शाम होने में अब भी विलंब था। गढ़पोखर का प्रशांत नील-कृष्ण

विशाल वक्ष हौले-हौले लहरा रहा था। हेमंती दिनांत के प्रियदर्शी रवि की पीताभ किरणें उसकी लोल-लहरियों पर बिछ-बिछकर अपने को नाहक ही पैना बना रही थीं। मछुआ संघ की अधभीती कुटीर के आगे भिंड का जो ढालू मैदान था, वह सामने नीचे की ओर रबी की फसलों से लहराती हुई कछारों में खो गया था। कुटीर की अगली भीत पर दरवाज़े के दाएँ-बाएँ स्कूल के किसी लड़के ने पतली-बैंगनी रोशनाई में टेढ़े-मेढ़े हरफों की दो लाइनें लिख दी थीं—'इनकिलाब ज़िंदाबाद—गढ़पोखर हमारा है...'

डिप्टी मजिस्ट्रेट नकछेदी से इधर-उधर की बातें कर रहा था। मछुआ संघ का सेक्रेटरी होने से वही साहब की निगाहों में यहाँ इस समय सबसे अधिक जिम्मेदार जँच रहा था। लेकिन नकछेदी 'जी हाँ', 'जी नहीं' के अलावा मुश्किल से पचीस-तीस शब्द बोला होगा। दरअसल वह शरमीला और झेंपू किस्म का आदमी था। भोला और गंगा को छोड़कर अच्छी हैसियत का तीसरा मछुआ और कोई था भी तो नहीं। जान-बूझकर कमेटी ने नकछेदी को संघ का मंत्री चुना था, नहीं तो काम-वाम सारा मंगल ही करता था संघ का।

समूची कमेटी की गतिविधि का पूरा पता खुफिया-विभाग को था। सदस्यों के नाम और उनकी हैसियत और दूसरी ज़रूरी बातें...सारे तथ्य जिलाधिकारियों तक पहुँच गए थे। संबोधन में कई लोगों से कई बार मधुरी-मधुरी सुनकर साहब ने मधुरी से कहा, "मोहन माँझी ने आखिर तुम्हें भी कम्युनिज्म का पाठ पढ़ा ही दिया !...अच्छा तो है !...राजनीति ही तो एक चीज़ थी, जिसे गाँवों की हमारी बहू-बेटियों ने अब तक अपने पास फटकने नहीं दिया था, लेकिन तुम तो देखता हूँ...प्लीज़ एक्सक्यूज़ मी..."

अपनी टूटी-फूटी हिंदी में लेकिन ओज-भरे ढंग से मधुरी ने जवाब दिया, "तो इसमें क्या हर्ज है हजूर। जिनगी और जहान औरतों के लिए नहीं है क्या ?"

"ओ ो ो..." अफसर ने घूरकर मधुरी को देखा और 'गोल्डफ्लैक' सिगरेट का पैकेट निकाला निचली पाकिट से। दूसरे में हाथ डालकर माचिस वह टटोलने ही जा रहा था कि दारोगा ने अपनी पाकिट से माचिस निकालकर चट से पेश कर दी।

"धन्यवाद !" मुस्कुराकर देसी साहब बोले।

इस बीच नकछेदी ने मंगल को अलग ले जाकर बतलाया कि कमेटी के सभी सदस्यों से डिप्टी मजिस्ट्रेट मुचलका लिखवाने आए हैं, नहीं तो

गिरफ्तार करके अभी ले जाएँगे।

मछुआ-संघ का रुख साफ था। सर्वे की पुरानी सेटलमेंट से गढ़पोखर का राजस्व निर्धारित हुआ—सौ रुपए प्रति वर्ष; यह सरकारी खाते में 'जल-कर' के तौर पर दर्ज होता आया था। देपुरा के ज़मींदार गढ़पोखर की तरफ से इतनी ही रकम साल-साल सरकारी खजाने में जमा करते आए थे। यह दूसरी बात थी कि साल-दो साल या दस-पाँच साल का बंदोबस्ती का पट्टा लिखकर देपुरावाले मछुओं से काफी रकम ऐंठते आए थे और अब मछुओं में जागरण का आभास पाकर इस झमेले से हमेशा के लिए छुटकारा पा गए थे। नए मालिक, सतघरावाले, अभी दस-पाँच वर्ष पुरानी अमलदारी से जितना-जो कुछ फायदा उठा लेने के सपने देख रहे थे। बस ये तथाकथित 'नए मालिक' थे। गढ़पोखर के वास्तविक नए मालिक तो हमारी सरकार थी...ज़मींदारी उन्मूलन के बाद देपुरावालों का कोई हक नहीं रह गया था गढ़पोखर पर। यह विशाल जल-सम्पत्ति अब जनता की थी। मगर नौकरशाही भ्रष्टाचारों और कानूनी असंगतियों के चलते जन-जीवन के साथ बेतुका खिलवाड़ अब भी चल रहा था। मछुआ संघ की तरफ से कई मेमोरेंडम पटना और दिल्ली के महाप्रभुओं की सेवा में भेजे जा चुके थे, लिखित एवं मौखिक दोनों प्रकार से जिला-अधिकारियों तक यह बात बार-बार पहुँचाई जा चुकी थी।...मछुओं का संगठन तय कर चुका था कि किसी भी स्थिति में घुटने नहीं टेकेंगे। सतघरावालों का नया प्रभुत्व गैर-कानूनी है, सर्वथा गलत है, वे गढ़पोखर की सीमाओं के अंदर उन्हें घुसने नहीं देंगे।

मंगल और नकछेदी ने आनन-फानन तय कर लिया कि क्या करना है।

पहली फूँककर डिप्टी-मजिस्ट्रेट अब दूसरी गोल्डफ्लैक सुलगा रहा था। सूरज डूबने में लगभग आधा घंटा बाकी था। चरवाहे गाय-बैल लेकर लौटने लगे थे। पुलिस की गाड़ी सड़क पर खड़ी थी। बाहर-बाहर उस पर धूल की तहें जम रही थीं। पेट्रोलवाला पाइप पीछे था। रंग अंदर से लाल और बाहर से खाकी था। आगे ड्राइवर की सीट को छोड़कर चार गद्दीदार सीटें और भी थीं। पीछे की तरफ लकड़ी की तीन बेंचें।

डिप्टी-मजिस्ट्रेट ने नकछेदी को पास बुलाया। पूछा, "क्या राय हुई आप लोगों में ?"

नकछेदी के बदले मंगल ने दृढ़ आवाज़ में कहा, "अभी हमारी कमेटी के बहुतेरे मेम्बर बाहर हैं, समूची कमेटी बैठे तो कोई बात-विचार हो। इस

वक्त हम कैसे कुछ कहें ?"

साहब ने मोटी फ्रेमवाला चश्मा नाक से उतार लिया और रुमाल से आँखें पोंछते हुए आहिस्ते से कहा, "समूची या आधी, किसी भी किस्म की कमेटी से हमें कुछ पूछना नहीं है। आप अलग-अलग मुचलका लिखेंगे न ! इस वक्त यहाँ आप दो-चार जितने भी जिम्मेदार आदमी मौजूद हैं वे तो जाती तौर पर अपना-अपना एश्युरेन्स कोर्ट को दे ही दें..."

"नहीं हजूर, अलग-अलग हम किसी प्रकार का आश्वासन आपको नहीं दे सकेंगे," मंगल बोला। नकछेदी ने समर्थन में माथा हिलाया।

"फिर तो हमारी मजबूरी है कि..." डिप्टी-मजिस्ट्रेट जुमला पूरा करने जा रहा था कि बीच में ही मधुरी खिलखिला पड़ी।

"पकड़ के ले जाएँगे हमें ?"

"हाँ, हम क्या करें ? आप लोग खुद ही जाने को तैयार हैं..."

फिर खिलखिलाहट...लोग मधुरी की इस हरकत पर भौचक थे।

अब तक समूचा गाँव उमड़ आया था। औरत, मर्द, बूढ़े, बच्चे, मेहमान और बीमार...सब तरह के लोग अफसरों, पुलिसवालों और इन लोगों को घेरकर खड़े थे।

मलाही-गोंढ़ियारी की संयुक्त आबादियों का सरकारी कोतवाल (चौकीदार) ढोढ़ाई खुनौत अपनी वर्दी में मुस्तैद था। वह भीड़ को व्यवस्थित रखने की कोशिश करता था बीच-बीच में। एक-आध दफे पानी-वानी के लिए भी पूछा था। दारोगाजी से पूछने की हिम्मत तो हुई, लेकिन डिप्टी-मजिस्ट्रेट से खुद न पूछकर दारोगाजी द्वारा पुछवा लिया था। जाड़े की शाम को ठंडा पानी पीने का भला क्यों किसी को उत्साह होता।

मधुरी ने आगे बढ़कर नकछेदी का हाथ पकड़ा और खींचती हुई बोली, "काका, देखते क्या हो? चलो, हम टरक पर सवार हो जाएँ आप ही चलकर।"

फिर उसने मंगल, जलेसर और कन्हाई को भी अलग-अलग संबोधित किया। पल-भर की देर नहीं हुई कि फुर्ती से जाकर वह पुलिस-वैन पर सवार हो गई। ऊपर खड़ी होकर हिलते हाथ के इशारों से उन्हें बुलाती रही मधुरी।

मंगल उछलकर चढ़ गया फिर जलेसर और कन्हाई। नकछेदी सबसे पीछे...

सटकर पाँचों एक ही बेंच पर बैठे, सभी के चेहरे सड़क की तरफ थे।...मधुरी, मंगल, जलेसर, कन्हाई और नकछेदी...

अधिकारियों को जिसकी आशा नहीं थी, यह वैसा वाकया था। मछुओं ने कोई आश्वासन नहीं दिया और हँसी-खुशी गिरफ्तार हो गए तो झख मारकर डिप्टी-मजिस्ट्रेट ही आया और गाड़ी में आगे अपनी सीट पर बैठ गया। बाकी भी जितने अधिकारी या पुलिस जवान थे, चुपचाप आकर सवार हो गए। ड्राइवर सबसे पीछे अपनी सीट पर आया।

सूरज अब लुक-झुक, लुक-झुक कर रहा था, लेकिन सड़क और डूबते सूरज के दरम्यान गढ़पोखर की ऊँची भिंड खड़ी थी। अस्तप्राय दिनकर की किरणें इस कदर निस्तेज और संकुचित हो आई थीं कि शर्मीली परछाईं छितराकर पूरबी-दच्छिनी क्षितिज की ओर भाग गई थी।

भीड़ पुलिस-भान के पीछे बटुर आई थी। सब चुप थे, एक-एक निगाह गुस्सा-भरी हैरत उगल रही थी।

सामने भीड़ में तीरा दिखाई पड़ी तो मधुरी ने इशारे से उसे पास बुला लिया। करीब आकर गाड़ी से सटकर वह खड़ी हुई तो उसकी ठुड्डी में उँगली गोदकर मधुरी ने कहा, "बब्बू और अम्माँ से कहना कि रत्ती भर भी न घबड़ाएँ। हम बहुत जल्दी छूटकर वापस आ रहे हैं।...और अम्माँ को दवाई बखत पर पिला दिया करना, अपने हाथ से... और हाँ, नन्हे का खयाल रखना..."

कि गाड़ी स्टार्ट हुई।

बहन के गालों पर प्यार की एक-एक चपत लगाकर मधुरी बेंच पर आ बैठी और मंगल के कान में कहा, "नारे लगाओ मंगल भैया।"

"उहूँ !" मंगल ने उसी तरह फुसफुसाकर जवाब दिया, "रहने दे, क्या ज़रूरत है।"

जाने, मंगल का दिमाग किस फिक्र में गर्क था।

लेकिन मधुरी से नहीं रहा गया। वह बेंच से उठकर फिर आगे आ गई और पुलिस-भान के पिछले छोर पर खड़ी हो गई। बाएँ हाथ से उसने ऊपर लटकती जंजीर को थाम लिया और दाहिना हाथ घुमा-घुमाकर नारे लगाने लगी। लोग दुगुने-चौगुने जोश में जवाबी नारे देने लगे–

"इन्किलाब जिंदाबाद !"

"मछुआ-संघ जिंदाबाद...हक की लड़ाई...जीतेंगे ! जीतेंगे !...गढ़पोखर हमारा है, हमारा है !..."

पुलिस मोटर चल पड़ी मगर नारे लगते रहे।

शब्दार्थ

चभच्चा=छोटी तलैया, छोटा तालाब
पत्थर की लाट=पत्थर की शिला
थंभों का पूला=केले के वृक्ष की धरों को मिलाकर तैयार की हुई छोटी नौका
दंतुर खोडर=दाँतों की खाली जगह के आकार का बना हुआ खंदक
धींगामुश्ती=उछल-कूद
दँवरी=दौनी
कुंड और कुठले=अनाज रखने के लिए मिट्टी के छोटे-छोटे बखार
भदई फसल=सावन-भादों में पैदा होनेवाला अनाज
नेटा-पोटा=जुकाम होने पर नाक से निकलनेवाला पानी
सिरकी=चिलमन
भकौल=बेवकूफ
छौंकना=बघारना
लूर=ढंग
भितहा=मिट्टी की दीवाल
खट=तुरंत
महातम=अधीन, माहात्म्य
बबुआन=श्रीमंत, ज़मींदार
चंगेरी=बाँस या मूँज से बना प्लेटनुमा बर्तन
मड़ैया=छोटी-सी झोंपड़ी
डोका=एक खास प्रकार का घोंघा या शीप जिसका मांस भी खाया जाता है
कोरइला=गोद का शिशु
सिकड़ी=जंजीर
चानन=चंदन
सरगउली हाट=स्वर्ग

दुपलिया=दो पालोंवाला
बोरसी=आग तापनेवाला मिट्टी का बर्तन
झिल्ली-कचरी=जलेबीनुमा नमकीन सेव और पकौड़ी
ओरियानी=बरामदे से सटा हुआ आँगन का हिस्सा
पाँतर=प्रान्तर, निर्जन
असालतन=स्थाई
भूँजा-फरही=लाई-चना
माहुर=विष
घटनइयाँ=छोटी नौका
मोहार=भिंड
लवरा=बातूनी
हेलना=तैरना
टप्पा-टोइया=अंदाजन
गोड़=पाँव
टाड़ी=छोटी-सी मिट्टी की टुइयाँ
टभकी=मछली पकड़ने के लिए बाँस की खपचियों से बना टोकरीनुमा औजार।
पुलिस-भान=पुलिस-वैन

●●●